V&R

Dienst am Wort

49
Nachdenkliche Gebete
im Gottesdienst

Verlag Vandenhoeck & Ruprecht
in Göttingen

Nachdenkliche Gebete
im Gottesdienst

Von Michael Meyer

Verlag Vandenhoeck & Ruprecht
in Göttingen

CIP-Titelaufnahme der Deutschen Bibliothek

Meyer, Michael:
Nachdenkliche Gebete im Gottesdienst / von Michael
Meyer. — Göttingen: Vandenhoeck u. Ruprecht, 1988
  (Dienst am Wort; 49)
  ISBN 3-525-59311-2
NE: GT

Inhalt

Inhalt

Nachdenklich gewidmet
der Gemeinde

Einleitung

Beten,
im Gottesdienst beten,
nach anderen beten,
dem, was andere beten, nachdenken,
weiterbeten.
Wer betet,
hat die Beter der Geschichte hinter sich,
vielleicht um sich;
und bewegt von dem Geschehen um sich herum,
von der Freude darüber und von seiner Schuld daran,
kommt er selber zu Wort mit seinen Worten
oder mit den Worten der anderen.
Nachdenklich betet er.
Die Gebete, die hier vorgelegt werden, wurden in den vergangenen Jahren in den Gottesdiensten der Evangelischen Pfarrgemeinde Krems an der Donau, in der dortigen Heilandskirche, gebetet. Sie sind in der Hoffnung erarbeitet worden, der Gemeinde werde es durch eine gesammelte Sprache erleichtert, zu hören, mitzubeten, weiterzubeten. Die dabei benutzten Vorlagen werden im Nachwort angeführt.
Die Anordnung der Gebete folgt dem Kirchenjahr. An erster Stelle steht jeweils das Kyriegebet. Das KYRIE ELEISON — einst übernommen aus dem säkularen Huldigungsruf des antiken Volkes, der die Not der kleinen Leute dem Mächtigen ins Ohr schrie, um dessen geneigte Gnade zu erreichen — bittet nun um das Erbarmen des Herrn, dem die Kirche vertraut. Es ist immer der Ruf des Blinden (Mk 10, 47), der seinen Schrei dem Sehenden gegenüber nicht begründen muß. Daher ist dieser Ruf in der Geschichte des christlichen Gottesdienstes vielfach auch ohne Einleitung verwendet worden.

Durch die hier vorgelegten Kyrie-Texte sollte der Gemeinde geholfen werden, einen Teil ihrer Not in Worte gefaßt zu hören und — betroffen und nachdenklich — auszurufen.

Der für das Kyriegebet in dieser Sammlung durchgehend gebrauchte Ruf »Herr, erbarme dich unser!« ist jener, der in der Gottesdienstordnung der Evangelischen Kirche Augsburgischen Bekenntnisses in Österreich am häufigsten gesprochen oder gesungen wird. Er kann auch durch den Ruf »Kyrie eleison!« oder »Christus, erhöre uns!« ersetzt werden. In jedem Fall sollen diese Kyriegebete nicht viele Worte machen und meditierend — nachdenklich — gesprochen werden.

Ihnen folgen jeweils Kollekte und Fürbitte. Auch bei diesen Gebeten sollte der Stille ausreichend Raum geboten werden. Es ist bei allen Gebeten das Ziel des sprachlichen Ausdrucks gewesen, daß viele Beter mit ihren einzelnen, persönlichen, erfahrenen Anliegen sich in die Worte der Gebete hineinfinden können. Diese Worte sind dafür offen gehalten worden. Ihre Aktualität erschließt sich beim Mitbeten, beim Weiterbeten.

Darum wäre es zu begrüßen, wenn diese Sammlung nicht nur Pfarrern und Liturgen, sondern auch Gemeindegliedern für ihr Beten eine Hilfe wäre und ihnen die Erfahrung schenkte, daß nachdenkliche Gebete den Beter verändern.

Michael Meyer

1. Advent

KYRIE

Wir bekennen,
daß unsere Hoffnung
oft
an Leeres sich verliert
und
dir nicht traut.

Herr,
erbarme dich unser!

KOLLEKTE

Gott,
komm in unsere Mitte!
Laß deine Gegenwart
wie ein Licht sein
durch Jesus,
unseren Bruder
im Heiligen Geist.

FÜRBITTE

Für deine Nähe
danken wir,
Vater,
und dir,
Bruder Jesus,
der kam,
um Licht zu schaffen unter uns.
Doch immer noch
warten wir auf Frieden,
und dunkel erscheint uns oftmals das Leben.
Komm nun wieder
in diese zerfahrene Welt.
Vollende,
was du begonnen hast.
Komm,
daß nicht Streit die Zerstrittenen
beherrsche,
das Mißtrauen die Fremden,
Lieblosigkeit die Brüder
und Verzweiflung die Sterbenden.
Komm
und hilf uns erkennen,
daß du uns erlöst von dem,
was uns arm macht
und hoffnungslos
und tot.
Komm
zu den Kleinen und Schwachen,
zu den Einsamen und Verbitterten,
zu den Liebenden und Ungeliebten.
Komm
mit neuem Leben
zu den Trauernden.
Laß es licht werden um uns.
Komm,
erneure die Welt.

2. Advent

KYRIE

Bist du
uns nahe,
Gott?
Dann höre,
wenn wir rufen:

Herr,
erbarme dich unser!

KOLLEKTE

Vater,
wir trauen
den Mächten der Welt
nicht mehr.
Wehre unserer Furcht
und
lehre uns hoffen,
daß du
die Welt in Händen hältst
und kommst
durch Jesus,
den Bruder
im Heiligen Geist

FÜRBITTE

Vater,
versage dich nicht
und komm!
Komm du!
Nicht komme das,
was uns ängstet!
Komm du!
Nicht komme das,
was unsere Brüder und Schwestern
in unserer Welt
gefährdet!
Komm du!
Nicht komme das,
was böse ist
und böse macht!
Komm du
und bring mit dir
das Leben,
nicht den Tod!
Wenn aber das,
was wir fürchten,
dir vorausgeht,
dann zögere nicht
und komm,
damit
unser Herz froh
und diese Welt bewohnbar werde,
wenn du kommst!
So komm,
Gott,
Vater!

3. Advent

KYRIE

Daß
unser Tun
und Urteilen
geleitet werde
von deinem Kommen,
bitten wir.

Herr,
erbarme dich unser!

KOLLEKTE

Jesus,
wir haben gehört,
du seist
von Gott gekommen.
Bist du's,
dem der Weg bereitet wurde?
Zerstreue die Zweifel,
festige den Glauben
an dich,
Herr,
Bruder
im Heiligen Geist.

FÜRBITTE

Herr,
du willst kommen.
Komm!
Noch warten Verzagte auf deine Freude;
noch spüren Friedlose den Frieden nicht;
noch haben Verbitterte keine Hoffnung;
Junge mißtrauen dem Leben,
und Alte erwarten den Tod.
Herr,
es ist Zeit —
komm!
Hilf uns,
zu warten
und selber Zeichen deines Kommens zu geben.
Erbarme dich aller,
die zittern und verzagen,
klein werden
und sterben.
Komm mit Frieden
und belebe deine Gemeinde.
Und,
Herr,
wir danken dir,
daß in diesem Haus
die Nachricht von deinem Kommen
nicht vestummt,
daß hier
die Tür für Versöhnung aufgetan
und Hoffnung geweckt wird.
Wehre allem,
was dennoch verhindert,
daß dein Licht brennt unter uns,
und erhelle den Weg
durch diese Zeit
zu dir.

4. Advent

KYRIE

Auf vieles
hoffen wir.
Aber
was tut uns gut?

Herr,
erbarme dich unser!

KOLLEKTE

Gott,
wenn du
zu uns kommst,
dann
nimm von uns
Unruhe
und Hast
und
mach uns bereit,
dich anzunehmen
als Kind,
als Meister,
als Gekreuzigten,
als unseren Bruder
im Heiligen Geist.

FÜRBITTE

Gott,
dem wir trauen —
komm!
Und bereite uns,
dein Weg zu sein
in diese wartende Welt.
Stärke unsere Hände
zu Händen,
die geben.
Erneure unsere Gedanken
zu Gedanken des Friedens.
Verwandle unsere Vernunft
zum Geist, der belebt.
Komm!
Denn wir
sind die Ursache wohl,
daß du
noch unterwegs bist
auf beschwerlichem Weg.
Denn oft
haben wir dich abgewiesen,
haben wir die Kraft deines Geistes vertan.
So komm nun,
komm endlich,
damit
die Freude nicht vergeht,
sondern auflebt
unter uns verängstigten Menschen
auf dieser verwirrten Erde.
Wir warten, Gott.
Komm!

Christvesper

KYRIE

Komm,
Erlöser der Welt!
Komm
zu uns!

Herr,
erbarme dich unser!

KOLLEKTE

Jesus,
Kind,
Kleiner,
Gott für uns Kleine,
Verachteter,
Bruder für uns Verklagte,
Armer,
Gefährte in unserer Armut,
wir danken dir,
daß du
uns so begegnest,
dich mit uns
ohne Aufsehen triffst,
unser wirst,
um uns das Licht zu zeigen.
Wir beten dich an.
Wir singen dein Lob.

FÜRBITTE

Dies ist ein seltsamer Abend.
Jeder erlebt ihn anders als andere Tage.
Nun werden wir beten.
Wir werden jetzt nicht an uns,
sondern an andere denken
und bitten,
daß sie es gut haben.
An wen werden wir denken?
An den, der hungert;
an den, der friert;
an den, dessen Hausdach kaputt ist;
an den, der keine Mutter mehr hat;
an den, den niemand liebt,
und an den, der nicht lieben kann;
an den, der sich fürchtet,
und an den, der irgendeinem weh getan hat;
an den, der gern gibt,
und an den, der nimmt, was er kriegt;
an den, der lacht heute abend,
und an den, der jetzt weint;
an das Kind irgendwo
und an den, der jetzt stirbt.

Und mit welchen Worten
werden wir beten?
Betet mit mir so:
Gott,
jeder,
an den wir denken,
braucht Liebe.
Geh zu ihm,
daß er vor dir kniet,
dich anbetet,
von dir ein Lied singt
mit uns
und unserem Bruder Jesus, deinem Sohn.

Christtag

KYRIE

Da bist du,
Gott!
Nun sieh,
was uns bewegt;
spüre,
worunter wir leiden
auf den Feldern dieser Erde;
höre,
worum wir bitten!

Herr,
erbarme dich unser!

KOLLEKTE

Gott,
Vater,
als Jesus geboren wurde,
haben Menschen
ein Licht gesehen in ihrer dunklen Welt.
Nun hilf *uns*
sehen,
glauben,
singen,
damit der Ton des Jubels
wieder laut werde
in unserer beunruhigten Welt,
in die dein Sohn kam
als unser Bruder
im Heiligen Geist.

FÜRBITTE

Du,
unser Gott,
geboren an unwichtigem Ort,
gewickelt in Windeln,
gebettet auf Stroh,
gelobt von Hirten,
besungen von Engeln —
einfältig sagen wir dir,
daß wir uns freuen
über dich.
Da du uns nahe bist nun,
wollen wir die Wahrheit dieses Tages
tragen in die Welt,
aufrichten,
die klein,
strahlen machen,
die bedrückt sind;
Trauernden von unserer Hoffnung geben;
Freund sein denen,
die sich verlassen fühlen.
Gib uns
und denen,
die wir so treffen,
dafür den Glauben an dich,
unseren Gott im Bruder —
geboren an unwichtigem Ort,
gewickelt in Windeln,
gebettet auf Stroh,
gelobt von Hirten,
besungen von Engeln,
Gastgeber an unserem Tisch
und so —
Frieden der Menschen
und dieser Zeit Hoffnung.

Sonntag nach dem Christfest

KYRIE

Oft
haben wir
dich abgewiesen.
Und jetzt?

Herr,
erbarme dich unser!

KOLLEKTE

Vater,
du bist das Licht.
Öffne uns die Augen,
daß wir
die Größe deiner Liebe
schauen
in Jesus,
dem Christus
und Herrn
im Heiligen Geist.

FÜRBITTE

Vater,
wir sind dankbar,
für Jesus,
deinen Sohn,
unseren Bruder.
Hilf,
daß unser Dank
erkennbar werde
an deinem Geist unter uns.
Segne uns,
daß wir keine Welt erbauen,
die dich nicht kennt.
So bitten wir,
daß wir unseren Kindern
den Boden bereiten
für gute Frucht,
für Frieden
und die Würde des Menschen.
Für unsere Freunde
bitten wir
und für die,
denen wir ausweichen;
für Junge
bitten wir
und für Alte,
für die Regierenden
und für die einfachen Leute —
laß uns miteinander etwas sein
für eine neue Welt,
für ein Leben
auf der bewohnbaren Erde
unter deinem Segen,
Vater.

Jahresschluß

KYRIE

Herr,
nun legen wir zurück in deine Hände
dieses Jahr,
Tage voller Freude,
Tage voller Kummer,
gelungene Tage
und Tage voller Schuld.

Herr,
erbarme dich unser!

KOLLEKTE

Unser Gott,
wir danken dir,
daß du uns
in Sorgen und in Freude bewahrt,
uns
in Schuld geraten
nicht verworfen
und uns Kraft gegeben hast,
zu tragen,
was uns auferlegt war.
Wir bitten dich,
hilf uns,
dir zu begegnen
in Jesus,
dem wir vertrauen
im Heiligen Geist.

FÜRBITTE

Herr,
du hast uns voll Unruhe geschaffen,
du hast uns zu Fremden gemacht
in dieser Welt.[1]
Laß uns unruhig sein
über unser geringes Werk.
Laß uns unruhig sein
über die Größe deiner Güte.
Laß uns unruhig sein
über die verrinnende Zeit
und jede verlorene Stunde.
Laß uns unruhig sein
über unsere Sünde
und die Schuld aller Menschen.
Laß uns unruhig sein
und dein Gericht erwarten in jedem Augenblick.
Laß uns unruhig sein
und in der Unruhe Glauben halten.
Laß uns unruhig sein,
bis dein Wille geschieht unter uns.
Vater,
mit der Bitte, daß du in Segen wandelst,
was in unserer Hand verdorben ist,
gedenken wir aller,
denen wir im vergehenden Jahr begegnet sind,
der Menschen,
die wir lieben,
und derer,
die uns zu schaffen machen;
aller gedenken wir,
denen wir nahe waren,
aller,
die uns fremd und feind wurden,
und aller,
die wir verloren haben.
Segne sie — segne uns!

Neujahr

KYRIE

Da wir uns anschicken,
in ein neues Jahr zu gehen,
und nicht wissen,
wem wir begegnen werden,
suchen wir
deine Nähe.

Herr,
erbarme dich unser!

KOLLEKTE

Vater,
Gott,
unter deiner Güte
laß uns
das Jahr beginnen —
vom Alten befreit
und
im Vertrauen
auf den Christus unter uns,
der uns leitet
im Heiligen Geist.

FÜRBITTE

Gott,
laß vom Glanz dessen,
was du schaffst,
Licht fallen auf uns in unseren Tagen,
daß wir froh werden
in der Zuversicht darauf,
daß du die Zeit in deinen Händen hältst.
Vater,
bedenke,
wir lieben das Leben.
Du hast es gegeben,
wir wollen es gestalten.
Bewahre uns davor,
daran zu scheitern und zu irren.
Stärke uns,
den Geist Christi spüren zu lassen
in unserem Tun und Reden.
Wir bitten dich
für die Glücklichen
und für die Gesunden,
daß du sie hältst;
und für die Ängstlichen
und die Verzweifelten,
für die Sterbenden dieses Jahres,
daß du bei ihnen anklopfst,
zu ihnen trittst,
sie an die Hand nimmst
und endlich froh machst.
So bitten wir von Herzen
für uns,
für diese Gemeinde,
für unsere arme, Leben suchende Welt.
Sei du ihr Helfer,
sei du ihr Heil!

2. Sonntag nach dem Christfest

KYRIE

Fern von dir
auf den Wegen unseres Lebens
rufen wir:

Herr,
erbarme dich unser!

KOLLEKTE

Vater,
Jesus,
der Bruder,
macht unsere Welt hell;
laß die Menschen dieser Erde
strahlen
durch ihn
und leben
mit ihm,
dem guten Herrn
im Heiligen Geist.

FÜRBITTE

Du
gehst allem voraus,
Gott,
du.
In Jesus bist du
uns begegnet,
geblieben unter uns.
Nun hilf uns,
mit ihm und ihm gleich deinen Spuren zu folgen
und dein Licht zu hüten
in dieser Welt.
Sei du ihre Hoffnung
und laß uns
auf den Wegen dir nach
ihre Hoffnung werden.
Wir bitten dich für alle,
deren Freude verlöscht ist,
für die beunruhigten Völker,
für die Menschen,
die keiner fragt,
für die Hungrigen,
für die,
die nur den Tod erwarten,
und für die,
die zu entscheiden haben aus der Fülle ihrer Macht,
daß du ihren Weg erhellst.
Wecke in uns die Kraft deiner Gemeinde,
auf das Licht zu weisen,
das von dir kommt.
Du willst,
daß es hell sei um uns und in uns.
Wir warten darauf.
Wir bitten darum.

Epiphanias

KYRIE

Wir rufen
nach einem,
der
das Licht dieser Welt
ist
und uns heilt.

Herr,
erbarme dich unser!

KOLLEKTE

Vater,
nahe
kommst du uns
in Jesus,
dem Bruder.
Hilf uns,
dich zu erkennen
unterwegs,
dich anzunehmen
und unserer Welt zu verkünden
im Heiligen Geist.

FÜRBITTE

Gott,
wir glauben —
in Jesus bist du gekommen,
um die Menschen zu dir zu ziehen.
Wir beten für sie,
daß du sie leitest.
Unterwegs bewahre sie,
verirrt erlöse sie,
am Ziel segne sie.
Vor allem beten wir
für die Ängstlichen,
für die Enttäuschten,
für die Irregeleiteten,
aber auch für die,
die sie führen,
für die,
die reich sind
an Worten,
an Geld
und an Macht.
Laß ihnen dein Licht aufgehen,
daß sie erkennen,
was ihnen dient zum Heil.
Für die,
die es gut haben,
bitten wir,
daß sie gütig seien;
für die,
die sterben,
bitten wir,
daß du sie erwartest.
Die Zeichen deiner Herrschaft
offenbare uns,
Vater,
daß wir dir trauen
und dich loben.

1. Sonntag nach Epiphanias

KYRIE

Wir
suchen dich.
Bist du da?

Herr,
erbarme dich unser!

KOLLEKTE

Dich,
unseren Gott,
haben wir
in Jesus gesehen;
belebe uns
mit seinem Geist,
daß wir
ihm jetzt begegnen,
ihm folgen
und dich ehren
in Ewigkeit.

FÜRBITTE

Gott,
du bist uns nachgegangen
bis in die Winkel und Abwege des Lebens.
Wir danken dir
für die Zeichen deiner Nähe,
unter denen wir aufgeatmet haben
in unserer Geschichte.
Nun bitten wir,
erbarme dich auch künftig
über uns Menschen der gefährdeten Erde.
Hilf uns,
mit Leib und Seele
Zeichen und Zeugen deiner Barmherzigkeit zu sein
für alle,
die die Zukunft fürchten,
daß sie vertrauen;
für die,
die gescheitert sind,
daß sie neu beginnen;
für die,
die zweifeln,
daß sie nicht verzweifeln;
für die,
die sich verloren fühlen,
daß sie ein Zuhause finden;
für die,
die hungern,
daß sie treffen auf Menschen,
die ihre Hände öffnen.
Und für die Sterbenden bitten wir,
daß sie heimfinden.
Gott,
an hellen und an dunklen Tagen
laß keinen von ihnen
und keinen von uns
fallen aus deiner Hand.[2]

2. Sonntag nach Epiphanias

KYRIE

Was
hast du
für uns getan!
Wir
vergessen es.

Herr,
erbarme dich unser!

KOLLEKTE

Vater,
du hast deinen Sohn
in unsere Welt gesandt,
daß er
den Mangel überwinde,
der das Leben beengt.
Nimm uns
unsere Verlegenheiten
und wandle unsere Klagen
in Lobgesänge über deine Hilfe
durch unseren Bruder,
den wir ehren
im Heiligen Geist.

FÜRBITTE

Unser Gott,
du willst
— bekennen wir —,
daß wir gern leben.
Gestalte uns zu deiner Kirche,
daß die Worte, die sie spricht,
die Gedanken, die sie denkt,
niemanden einengen,
niemandem schaden,
niemanden ausschließen,
den du liebst;
daß sie vielmehr
froh machen,
dankbar
und zuversichtlich.
Wirke durch uns,
daß in unserer Welt
Bedrückte frei werden,
Fröhliche froh bleiben,
Traurige nicht verzagen,
und Leute,
die an ein Ende kamen,
zu hoffen beginnen.
Und gib die Mächtigen
nicht ihrer Willkür preis,
die das Leben verdunkelt.
Laß über allem,
was diese Welt mit sich bringt
und fordert
von Alten und Jungen,
von Tüchtigen und Schwachen,
die Quellen nicht versiegen,
aus denen
gute, herzliche Freude kommt.

3. Sonntag nach Epiphanias

KYRIE

Wir haben
einen schwachen Glauben.
Und stärker als wir
ist das,
was uns bevorsteht.

Herr,
erbarme dich unser!

KOLLEKTE

Gott,
unter allen Völkern
hat das Wort von Jesus
Menschen geheilt
und froh gemacht.
Wecke in uns
neu
den Glauben,
der Hilfe sucht
bei Jesus,
dem Herrn
und unserem Bruder
im Heiligen Geist.

FÜRBITTE

Daß das Evangelium
hörbar werde,
Vertrauen
unter uns wieder lebe,
und der Glaube wachse,
bitten wir,
Vater,
und beten für alle,
die dich suchen,
daß sie dich finden,
und du sie hörst.
Herr,
erbarme dich!
Wir beten für die,
die froh sind und glücklich,
daß sie nichts verstöre,
und für die Ängstlichen,
daß sie Zutrauen gewinnen.
Herr,
erbarme dich!
Wir beten für die,
die Jesus nicht kennen.
Mach dich bekannt als der,
der Freude schafft,
wo Kummer herrscht;
der Vertrauen weckt,
wo alle Türen schon verschlossen scheinen.
Zeig dich uns
und allen,
die darauf warten,
als der,
der uns
und diese Welt
heilt.

4. Sonntag nach Epiphanias

KYRIE

Unruhe
hält uns gefangen.
Eng
ist es geworden
um uns.

Herr,
erbarme dich unser!

KOLLEKTE

Gott,
du weißt,
wie oft wir versagen
aus Schwachheit.
Gib uns
deinen Geist,
daß wir bestehen
durch Christus,
der aller Gewalten Herr ist.

FÜRBITTE

Unser Gott,
hilf uns
hören,
glauben,
folgen.
Bewege unsere Herzen,
schärfe unseren Verstand,
stärke unsere Hände.
Hilf uns,
deine Kirche zu beleben.
Wecke unsere Gedanken,
bewahre unsere Geduld,
festige unseren Mut.
Hilf uns
schauen,
staunen,
schaffen.
Fördere die Wahrheit,
beseele die Freude,
bewahre unser Planen vor der Dummheit.
Hilf uns
treu sein,
verstehen,
vergeben.
Wehre dem Bösen,
besänftige den Zorn,
wandle in Segen,
was wir verderben.
Und so
laß deine Güte denen begegnen,
die zu tragen haben
an dieser Welt
und an uns.
Herr,
erbarme dich!

5. Sonntag nach Epiphanias

Wir,
Herr,
verdunkeln dein Licht.
Wir.

Herr,
erbarme dich unser!

KOLLEKTE

Gott,
du berufst dein Volk,
das dich kundmacht.
Leite uns,
daß frei werden
die,
die beengt sind durch Angst.
Wir bitten so
in Jesu Namen.

FÜRBITTE

Gott,
unsere Welt
ist verwirrt.
Du
willst ihr Heil.
So führe sie an dein Ziel.
Bewahre uns
vor falscher Hoffnung
und wecke in uns Zuversicht.
Unser Gott,
halte die Ängstlichen,
löse die Verbitterten,
bewahre die Fröhlichen,
ermutige die Tüchtigen,
vergib den Schuldigen.
Den Ohnmächtigen offenbare deine Demut,
den Mächtigen deine Macht.
Den Sterbenden öffne die Augen
für deine Herrlichkeit,
den Trauernden zeige das Leben.
Alle Friedlosen berge bei dir.
Und so,
Gott,
baue deine Gemeinde
in dieser verwirrten Welt.

Letzter Sonntag nach Epiphanias

KYRIE

Wir
möchten dich sehen,
wir
möchten dich kennen,
Erlöser.

Herr,
erbarme dich unser!

KOLLEKTE

Gott,
Licht dieser Welt
ist Jesus,
der Bruder.
Hilf uns,
daß durch unsere Schuld
niemand
in der Finsternis bleibe.
So bitten wir
durch ihn,
unseren Herrn
im Heiligen Geist.

Fürbitte

Vater,
aus der Unruhe unserer Tage
treten wir vor dich
und warten,
bis wir ruhen in dir.
Erfülle uns mit Frieden
und gewähre uns,
deinen Willen zu erkennen
zum Heil unserer Welt.
Wir bitten dich nun für alle,
die den Reichtum deiner Güte erfahren haben.[3]
Laß uns mit ihnen danken.
Wir bitten dich für alle,
die gedemütigt wurden.
Richte sie auf.
Wir bitten dich für deine Kirche.
Hilf,
daß sie sich nicht verliere
an die Unrast unter uns.
Wir bitten dich für die,
die gesund sind
oder krank,
fröhlich
oder bedrückt.
Geleite sie.
Wir bitten dich für die,
die uns nahestehen.
Unter deinem Schutz
und in deinem Frieden
halte uns verbunden mit ihnen.
Auch bitten wir für die,
die uns fremd und feind geworden sind.
Überwinde, was uns trennt.
Wir bitten dich um Jesu Geist,
der ein Lichtblick ist in dieser Welt.

Septuagesimae

KYRIE

Wir hasten.
Wohin?
Wir machen uns Sorgen.
Worüber?

Herr,
erbarme dich unser!

KOLLEKTE

Gott,
du hast uns den Auftrag gegeben,
deine Güte
zu verkünden,
die wir erfahren
auf unseren Wegen
über diese Erde.
Hilf uns,
dieser Güte
zu trauen
und sie anderen zu gewähren,
wie Jesus es offenbart hat,
unser Herr
und Bruder
im Heiligen Geist.

FÜRBITTE

Unser Gott,
wie sollten wir
dem Kommenden trauen,
wenn du nicht zu uns hältst.
Wir bitten dich,
daß deine Treue
unsere Urteile bestimme
und uns ganz durchdringe.
So beten wir für die,
die tun,
was sie tun müssen,
daß du sie führst.
Wir beten für die,
die sich mühen,
dir zu folgen,
und für die,
die meinen,
von dir verlassen zu sein.
Laß sie dir vertrauen.
Und denen,
die bitter geworden sind,
sei nahe.
Die,
die schuldig sich fühlen,
und die,
die schuldig geworden sind,
nimm an deine behutsame Hand,
daß sie an das Ziel kommen,
das du ihnen setzt.
Und den Sterbenden öffne deine Arme.
O Vater,
unseren Leib und unsere Seele
heile
jetzt und in Ewigkeit.

Sexagesimae

KYRIE

Wir hören viele Stimmen.
Welchen
sollen wir folgen?

Herr,
erbarme dich unser!

KOLLEKTE

Ganz nah
ist dein Wort,
Gott,
ganz nah
deine Gnade.
Wir bitten
in Demut,
offen mach uns
und empfänglich
für Jesus,
deinen Sohn,
unseren Bruder
im Heiligen Geist.[4]

FÜRBITTE

Gott,
dir in die Hände
und an dein Herz
legen wir
unsere Welt,
diese Stadt
und unser Tun.
Wir sagen dir Dank
für alle,
die uns dein Wort hörbar gemacht,
uns so geformt
und uns geleitet haben.
Wir bitten dich,
hilf uns,
daß wir
unserer Welt,
dieser Stadt
und allen,
denen wir begegnen,
sagen,
was du sagen willst.
Wir denken vor dir
an unsere Freunde
und an die,
die uns zu tragen geben;
an die,
mit denen wir lachen,
und an die,
um die wir uns sorgen;
an alle,
die uns aufgetragen sind,
und wir bitten,
daß du sie segnest.

Estomihi

KYRIE

Ist dein Weg
unser Weg
jetzt
in dieser erbarmungslosen Welt?

Herr,
erbarme dich unser!

KOLLEKTE

Vater,
machtlos war Jesus,
dein Sohn,
unser Bruder,
in dieser Welt
und er fand kaum Gehör.
Laß uns
in ihm
unseren Retter erkennen,
Gott mit uns
im Heiligen Geist.

48

FÜRBITTE

Vater,
wir beten,
daß wir bereit und fähig werden,
zu hören
und zu wachsen in Christi Liebe.
Wir beten um seinen Geist,
der uns demütig macht
und offen für das, was recht ist;
der uns treu macht,
zuversichtlich,
weitherzig.
Wir bitten,
daß unsere Gedanken und Gebete
uns nicht trennen von denen,
die Liebe nötig haben und ein gutes Wort.
Wir beten für die Kirchen und Gemeinden,
daß sie ohne Anmaßung
das Werk unseres Bruders Jesus fortführen
zum Heil der gefährdeten Menschen.
Und wir beten für die,
die entscheiden und regieren,
daß sie dich ehren
und dem Leben dienen.
Wir beten für alle,
die an ein Ende kamen,
für die,
die alt wurden und einsam,
für die,
die einander nicht mehr vertrauen —
laß sie ihre Tage füllen
mit deinem Wort
und mit der Stille,
in der die Hast und die Furcht
und der Unfrieden überwunden werden
durch dich,
Vater.

Invocavit

KYRIE

Wir tun,
was gut ist
in unseren Augen.
Was uns gut tut,
sehen wir
selten.

Herr,
erbarme dich unser!

KOLLEKTE

Gott,
du willst nicht,
daß wir irren.
O laß uns
nicht allein
in der Verwirrung,
sondern sende uns
Christus,
unseren Geleiter
im Heiligen Geist.

FÜRBITTE

Gott,
schwer ist es,
zu erkennen, was gut ist und heilsam.
Hilf uns,
daß wir nicht Versuchungen erliegen,
die uns aus deiner Nähe
in die Irre führen.
So beten wir
für uns
und alle,
die das Leben lieben
und bewahren möchten.
Wir beten
für alle,
die bestimmen und regieren;
für alle,
die forschen und planen;
für alle, die richten;
für alle, die helfen und heilen;
für alle, die lehren und erziehen;
für alle, die lernen,
und für die,
die anderen nahe sein wollen.
Bewahre sie,
Gott,
daß sie nicht ungeduldig werden,
selbstherrlich und gefangen.
Wir beten für die,
die Hunger haben und Angst,
für die,
die krank sind und einsam,
und für die Sterbenden.
Laß sie geborgen sein.
Und wir beten für deine Kirche,
daß sie erhalten werde in Demut.
So geschehe dein Wille.[5]

Reminiscere

KYRIE

Daß wir
nicht überhören,
was du sagst,
nicht abweisen,
was du willst,
bitten wir.

Herr,
erbarme dich unser!

KOLLEKTE

Gott,
alles,
was du liebst,
hast du
in unsere Hände gegeben.
Wir bitten dich,
vergib uns,
daß wir dir widerstreben,
und laß
dein Reich kommen zu uns
durch Christus,
deinen geliebten Sohn,
unseren Bruder
im Heiligen Geist.[6]

FÜRBITTE

Gott,
in dem Frieden,
den du gewährst,
führe uns als deine Boten
durch diese lieblose Welt
und gib uns
wache Sinne,
sehende Augen,
hörende Ohren,
helfende Hände
und ein aufrechtes Herz.
Mach uns bereit und mutig,
zur rechten Zeit
das rechte Wort zu sagen
oder zu schweigen,
wenn es not ist,
damit dein Werk nicht verdorben,
sondern ausgebreitet werde
auf dieser Erde.
So bitten wir
für uns,
für deine heilige Kirche.
Und wir beten für alle,
die unter Lasten leiden,
für Kranke,
Alte,
Einsame,
Verbitterte.
Ach Gott,
den Zeichen des Friedens
widerspricht diese Welt,
widersprechen wir selbst.
Überwinde dies alles
mit Hoffnung,
mit Freude,
mit dem Geist deiner Liebe.

Oculi

Du
suchst uns,
du sendest uns.
Wir zögern.

Herr,
erbarme dich unser!

KOLLEKTE

Unerhört
ist dein Wort,
unser Gott.
Laß nicht zu,
daß wir taub sind,
sondern offen mach uns,
wenn du sprichst
und uns bewahrst
vor dem Bösen
durch Jesus,
den Christus
und Bruder
im Heiligen Geist.

FÜRBITTE

Du
hast uns gerufen,
Gott,
uns.
Laß uns treu sein,
eine Hoffnung
für diese umdunkelte Welt.
In deiner Demut
hast du dein Wort
in unseren Mund,
dein Werk
in unsere Hände gelegt.
Ruf uns heraus aus allem,
was uns gefangen hält.
Zerstreue unsere Bedenken,
überwinde unsere Bitterkeit,
beschäme unser Zögern,
bring unser Schwätzen zum Schweigen.
Bewahre Trostlose und Suchende
vor unserer Härte
und laß die Kleinen und Stummen
nicht ohne Ende leiden
unter der Macht der Großen und Lauten.
Gib uns deinen Geist,
daß wir nicht ermüden,
von deiner Güte zu reden,
damit die glücklichen
und die sterbenden Menschen
wieder Zuversicht haben.
Du willst nicht,
daß irgendeiner verloren gehe.
Du liebst das Leben.
So mach uns zu deinen Boten,
Gott.

Laetare

KYRIE

Gern
leben wir fröhlich,
nicht beengt,
nicht schuldig.

Herr,
erbarme dich unser!

KOLLEKTE

Vater,
du
hast Jesus gesandt,
und er
hat gelitten
unter denen,
die lebten
nach ihrem eigenen Willen.
Wir bitten dich,
laß uns sehen,
daß er lebt
mit dem Leid dieser Welt
zu unserer Freude
im Heiligen Geist.

FÜRBITTE

Vater,
daß wir von Jesus leben,
bekennen wir,
von unserem Bruder,
von dem,
der sich uns selbst gibt.
Mach uns ihm ähnlich,
frei und demütig,
daß wir dir dienen,
ohne aufdringlich zu sein;
daß wir helfen,
ohne andere zu demütigen;
daß wir an dich glauben,
ohne uns zu überheben über andere.
Mach uns dem vertraut,
was niedrig ist.
Wir beten für alle,
die fremd wurden in dieser Welt,
ratlos,
schuldig,
eingeengt,
verfolgt um ihres Glaubens willen.
Laß sie Barmherzigkeit finden
und uns barmherzig werden.
Auch beten wir
für die Verlassenen,
Verleumdeten,
Verkannten,
daß sie Menschen begegnen.
Wir bitten dich,
daß auch dort,
wo es heute finster ist in unserer Welt,
das Atmen wieder leicht werde,
und Frieden komme,
auf den die Menschen warten.

Judica

KYRIE

Welchen Auftrag
hast du,
Herr,
für uns
heute?
Wir
sind unsicher!

Herr,
erbarme dich unser!

KOLLEKTE

Gott,
dein Weg
zu uns
war Jesu Weg.
Hilf uns,
ihn zu finden,
stärke uns,
ihn zu gehen
im Heiligen Geist.

FÜRBITTE

Herr,
unser Gott,
betroffen
und furchtsam
wissen wir,
daß niemand unter uns
dem Leiden entgehen wird.
Und doch hast du uns
durch Jesus Christus
berufen zur Hoffnung.
Und du willst,
daß auch durch uns Umdunkelte dieser Erde
dein Reich komme
in diese Welt.
Ruf uns heraus aus der Furcht,
überwinde unseren schwachen Glauben.
Hilf uns,
unser Leben
als Gabe zu sehen
an uns
und an andere um uns.
Denen,
die trostlos sind,
die warten auf ein gutes Wort,
denen,
die verbittert sind,
verängstigt
und vom Tode gezeichnet,
sende uns mit der Botschaft,
daß du
zu ihnen stehst
und sie bewahrst
in Ewigkeit.

Palmsonntag

KYRIE

Uns ängstet,
was kommt.
Uns
steht es bevor.

Herr,
erbarme dich unser!

KOLLEKTE

Komm,
Jesus,
komm
in unsere Stadt,
in diese Welt.
Unsere Augen
öffne
und die falschen Töne
bring zum Schweigen,
daß wir dich
begrüßen unter uns
und dich
loben
im Heiligen Geist.

FÜRBITTE

Unser Gott,
Jesus ehren wir als deinen Sohn.
Und du bist uns nahe
in ihm,
unserem Bruder.
Auf dem Weg zu uns
leidest du
an unserer Schuld.
Wir bitten dich,
laß in unserer Gemeinde
keinen
unter Richtenden
und Wissenden
verzagen.
Suche die Deinen
unter Kindern und Alten,
unter Ratlosen und Unruhigen
und gib ihnen an die Hand einen,
der mit ihnen geht.
Suche die,
die nichts sind
in der Welt unserer Tage,
und gewähre ihnen deinen Atem.
Komm
und trage mit uns
die Last unseres Lebens,
damit wir nicht verloren gehen.
Du,
Gott,
mußt kommen
und bleiben,
damit wir leben in Ewigkeit.

Gründonnerstag

KYRIE

Christus,
hierher
sind wir gekommen
von draußen,
vom Weg,
an dem vieles
uns bewegte
und freute
und ängstigte
und uns verstieß.
Von dorther
ohne dich —
hierher
zu dir.
Hier gib uns einen Platz
bei dir.

Herr,
erbarme dich unser!

KOLLEKTE

Jesus,
Freund,
weil wir hungrig waren nach dir,
und weil du uns geladen hast,
sind wir bei dir und bitten:
Brich uns das Brot,
reich uns den Trank,
daß wir leben durch dich,
Herr.

FÜRBITTE

Für Brot und Wein,
für deinen Tisch,
an dem du uns bewirtest,
danken wir,
Herr.
Nicht
eine Irrfahrt
ist das Leben;
Einkehr
und Heimweg ist es
durch dich,
und der Tod
hat seine Schrecken verloren.
Hab Dank.
Laß uns
das Klopfen hören,
auf das du öffnest;
das Gesicht verstehen,
auf das du Antwort gibst;
laß uns
dem Menschen dienen,
dem du die Füße wäschst.
Herr,
bleibe bei uns,
denn es will Abend werden,
und der Tag
hat sich geneigt.

Karfreitag

KYRIE

Wir
sind am Ende.
Wem
sollen wir trauen?

Herr,
erbarme dich unser!

KOLLEKTE

O Gott,
es schreckt uns
das Kreuz.
Hilf
uns Geängstigten dieser Erde,
zu glauben
an den Gekreuzigten,
deinen Sohn unter uns,
unseren Bruder
und Herrn
im Heiligen Geist.

FÜRBITTE

Gott,
mit den Menschen dieser Erde,
mit den Gequälten
und Stummen
rufen wir dich an
aus der Tiefe unserer Herzen:
Erlöse uns!
Ist es nicht genug
mit dem Kreuz auf der Welt?
Ist es nicht genug
mit dem einsamen Tod?
O Gott,
wenn du das Kreuz nicht hinausträgst
aus unserem Leben,
dann hilf uns tragen,
was uns auferlegt wird.
So,
Gott,
hilf uns zu glauben an Jesus,
den Bruder.
Wir haben es nötig,
wir Menschen von heute,
wir Menschen von hier
mit unseren Zweifeln,
mit unserer verborgenen Schuld,
mit unserem Tod,
der über uns kommt zu deiner Zeit.
Wir haben es nötig,
daß du,
Erbarmer,
deinem Sohn
Hoffnung gibst,
uns
und unseren Kindern.
Höre uns,
Gott.

Ostern

KYRIE

Das Licht
dieses Morgens
und
das Zittern
vor dem Tod —

Herr,
erbarme dich unser!

KOLLEKTE

Unser Gott,
du hast
durch Jesu Auferweckung
dem Tod
die Macht genommen.
So überwinde
die Grenzen,
die wir fürchten,
und mach uns zuversichtlich
durch Jesus,
der lebt,
den wir ehren
mit dir
im Heiligen Geist.

FÜRBITTE

Welch ein Gott
bist du!
Tot warst du
in unseren Augen.
Mitten unter uns bist du,
Bruder.
Wir danken dir.
Hüte unsere Freude,
bewahre unsere Hoffnung.
Bleib unter uns,
Lebendiger.
Wir beten heute
für die, die dich suchen,
daß sie dich finden;
für die, die sich fürchten,
daß sie dir vertrauen;
für die, die Vergangenes quält,
daß das Alte vergeht;
für die, die sich verloren fühlen,
daß sie heimkommen;
für alle, die hungern,
daß sie gefunden werden
von denen, die teilen;
für die, die satt sind,
daß sie ihre Hände auftun;
für die, die gut sind,
daß sie gut werden zu denen,
die scheitern und irregehen;
und für die Mächtigen dieser Welt,
daß sie dich sehen in der Würde des Lebens.
Zwischen Furcht und Hoffnung
bitten wir,
Vater,
gib uns,
was gut ist für uns,
gewähre uns Leben.

Quasimodogeniti

KYRIE

Wir trauen
deinem Wirken
kaum,
Gott.
Wir meinen,
es sei alles
beim Alten geblieben.

Herr,
erbarme dich unser!

KOLLEKTE

Gott,
wir hören,
du habest
Jesus auferweckt von den Toten.
Überwinde in uns
den Zweifel
und hilf uns,
menschlich
und fröhlich zu werden
durch Jesus,
unseren lebendigen Herrn.

FÜRBITTE

Herr,
wir glauben,
hilf unserem Unglauben.
Öffne unsere Augen,
daß wir sehen;
wecke unseren Geist,
daß wir erfahren,
was du schaffst unter denen,
die auf dich hoffen.
Gott,
hilf uns,
daß wir nicht unguten Mächten verfallen;
daß unsere Worte
den Tag nicht verdunkeln,
nichts Böses anrichten,
niemandem wehtun
und keinem die Hoffnung nehmen;
daß sie vielmehr Freude machen
und aufatmen lassen,
soweit sie es vermögen.
Hindere uns,
Türen zu verriegeln.
Lehre uns
warten — zuhören — schweigen,
das rechte Wort sagen zur rechten Zeit,
damit Angst,
Mißtrauen
und Abscheu
unter uns überwunden werden,
und dein Reich komme.
Lebendiger Gott,
umfange uns alle
— Glückliche und Bedrückte,
   Lebende und Sterbende —
mit deinem Leben.

Misericordias Domini

KYRIE

Wir
haben uns
unseren Weg
selber gesucht.
Wir
sind müde.

Herr,
erbarme dich unser!

KOLLEKTE

Unser Gott,
wir
nehmen unser Leben
in die Hand
und gehen vielmals irre.
Wir
suchen uns Herren
und finden falsche.
Du
führe uns,
hüte uns
durch Christus,
unseren guten Hirten,
dem wir folgen wollen
im Heiligen Geist.

FÜRBITTE

Hirten suchst du,
guter Hirte,
daß niemand verloren gehe.
Und wir
sind ungeschickt,
deine Liebe zu bezeugen
und deine Boten zu sein.
Da du uns aber gerufen hast
in deinen Dienst,
bitten wir um deinen Geist,
daß wir
in unserem Tun und Reden
deiner Wahrheit den Weg bereiten.
Hab acht auf uns,
wenn wir
uns zu verlieren drohen,
und hol uns heim.
Und wenn wir
andere verlieren
durch Lieblosigkeit,
Trägheit
und durch verlöschende Hoffnung,
gib uns wieder wache Augen,
daß wir auf die Suche gehen.
Unter deiner Hut
halte uns
— Junge und Alte,
   Lachende und Besorgte,
   Tätige und Sterbende —
zusammen
als Menschen,
die geborgen sind
bei dir.
So
laß es Frieden werden
für diese gefährdete Welt.

Jubilate

KYRIE

Was
können wir tun
ohne dich?

Herr,
erbarme dich unser!

KOLLEKTE

Unser Gott,
wir suchen das Leben
auf mancherlei Weise
an vielen Quellen.
Hilf uns,
daß unser Leben wachse
zur Reife und Fülle
durch Christus,
dem wir nahe sind
im Heiligen Geist.

Fürbitte

Vater,
nimm an unseren Dank,
nimm an unser Lob!
Du hast uns geschaffen,
so sind wir mit Leib und Seele von dieser Erde.
Treue gib uns
zu dir,
zu deiner Schöpfung.
Erinnere uns,
daß alles gut war.
Hilf,
daß alles gut wird
durch Christus.
Gib,
Schöpfer der Welt,
uns und allen Menschen,
was Leben schafft, bewahrt und nährt:
Speise und Trank,
Kleidung und Gesundheit,
reines Licht und gute Luft,
Treue der Freunde
und die Liebe,
die das Herz strahlen läßt.
Und gib, wenn es Zeit ist,
einen seligen Tod.
Wir bitten so
um die Zukunft der Kinder
und um die Zuversicht der Alten,
um Arbeit genug
und um ihre gesegnete Frucht.
Wir bitten dich
um Hoffnung für diese gefährdete Erde.
Hilf uns,
bei dir zu bleiben,
Quelle des Lebens.
Bleib du![7]

Kantate

KYRIE

Im Dunkel
unserer Tage
verstumme
dein Lob
nicht!

Herr,
erbarme dich unser!

KOLLEKTE

Vater,
dein Geist schafft es,
daß deine Gemeinde
eines Sinnes ist.
Hilf ihr,
daß sie dich erkennt
und dir ein Loblied singt,
da du
uns unsere Mühsal nimmst
durch Christus,
den Bruder,
den wir bekennen
als Herrn
im Heiligen Geist.

FÜRBITTE

Gott,
liebender Vater,
begegne unserer Welt,
damit wieder Loblieder gesungen werden.
Gib dieser Gemeinde deinen Geist,
daß wir
nicht Ursache für Haßgesänge seien;
daß unsere Worte
das Leben nicht verletzen;
daß unsere Gedanken
nichts Böses gebären,
und unsere Taten
niemandem schaden,
daß wir vielmehr
aufgehoben werden aus unseren Tiefen
in Freude
und Freude machen.
Lehre uns
zuhören
und reden zu rechten Zeit,
damit das Mißtrauen voreinander
und die Einsamkeit der Herzen
abnehme,
und die Furchtsamen
geborgen seien unter uns.
Komm mit deiner Liebe
in unsere Dunkelheiten,
in unsere Träume,
in unsere Pläne,
in das, was wir tun.
Laß — bitte — gesunden die Kranken,
laß die Unheilbaren dir trauen
und erwecke die Sterbenden
in der Heimat bei dir.
Stimme in uns an
dein Lob.

Rogate

KYRIE

Wir glauben.
Hilf
unserem Unglauben!

Herr,
erbarme dich unser!

KOLLEKTE

Vater,
daß du
ein offenes Ohr
hast
und ein williges Herz,
laß uns spüren,
wenn wir beten,
daß wir
Leben aus deinen Händen
empfangen und geben
durch Christus,
den Herrn
und Bruder
im Heiligen Geist.

Fürbitte

Gott,
hilf uns zu glauben,
daß dein Geist kommt,
der unser Tun durchdringen
und unsere Bitten prägen wird.
Und so
gib uns Frieden
untereinander
und mit den Fremden,
die uns begegnen,
und mit denen,
die uns zur Last geworden sind.
Mach uns klein genug,
daß wir helfen,
stark genug,
daß wir die anderen achten,
wachsam genug,
daß wir eintreten für alles Verwundbare.
Laß unter uns
deine Güte spürbar werden
auch dann,
wenn wir die Macht haben,
Entscheidungen zu treffen.
Schließe uns zusammen
zu deiner Gemeinde,
die verkündet,
daß du froh machst.
Erfülle uns mit dem Geist,
der ein Lichtblick ist
für die
verwirrten,
ängstlichen,
sterbenden Menschen
auf dieser gefährdeten Erde.
Erhöre uns,
Vater!

Christi Himmelfahrt

Wir
sind allein.
Wo
bist du,
Christus?

Herr,
erbarme dich unser!

KOLLEKTE

Gott,
herrscht Jesus
als Christus
nun mit dir,
so gib uns Kraft,
Boten dieses Herrn zu sein,
der das letzte Wort hat
mit dir,
Barmherziger,
und dem Heiligen Geist
in Ewigkeit.

FÜRBITTE

Wir danken dir,
Herr,
daß du uns
gesegnet
und deine Gegenwart verheißen hast.
Wir danken dir
für die Menschen unter uns,
von denen wir glauben,
daß du sie berufen hast,
zu reden
und zu wirken
in deinem Geist.
Wir bitten dich
für sie,
für deine Kirche,
für diese Gemeinde,
daß sie Zeichen des Friedens seien
für die Ratlosen dieser Erde.
Begegne den Deinen
in allen Völkern der Welt,
daß sie dich erkennen
und einander achten.
Allen,
die Not heimgesucht hat,
offenbare dich
als Barmherziger,
der herrscht
jetzt über uns
und in Ewigkeit.

Exaudi

KYRIE

Laß uns
erkennen,
was wir
dir
wert sind!

Herr,
erbarme dich unser!

KOLLEKTE

Vater,
laß uns
nicht ohne den Geist Jesu,
deines Sohnes,
unseres Bruders.
Führe uns
aus der Lüge der Welt
zur Wahrheit
und mach uns
zu deinen Boten.
Wir bitten so
in Jesu Namen.

FÜRBITTE

Heiliger Geist,
Geist einer neuen Welt —
komm!
Leg uns Worte in den Mund,
die trösten,
klären,
heilen.
Komm!
Laß uns sagen,
was gut tut.
Komm!
Laß uns hören,
was uns trägt.
Komm!
Sei mit deiner Kirche,
mit dieser Gemeinde,
mit uns,
damit hier
Jesu Willen bekannt
und getan wird;
damit hier
Verängstete froh,
Mutlose gestärkt,
Trauernde getröstet
und Fröhliche ermuntert werden.
Komm,
damit hier geschehe,
was die Rede von Jesus glaubwürdig,
und die, die sie hören, neu macht!
Komm!
Sei du
der Geist,
der uns prägt.

Pfingsten

Leitet
uns
dein Geist,
Christus?

Herr,
erbarme dich unser!

KOLLEKTE

Gott,
Schöpfer dessen, was lebt —
gefährdet ist,
was du geschaffen,
verloren,
was du uns anvertraut hast.
Erfülle uns
mit deinem guten Geist,
der den Ungeist vertreibe
und
uns zusammenschließe
zur neuen Welt,
zur Gemeinde Jesu,
des Herrn
und Bruders
im Heiligen Geist.

FÜRBITTE

Heiliger Geist,
guter Geist —
du belebst die Gemeinde,
ehe sie vergeht;
du öffnest den Mund,
ehe er verstummt.
Komm!
Geh vernichtend und erneuernd
hinein in alles,
was wir tun.
Laß in deiner Kirche
endlich sterben,
was verdorrt ist,
und aufblühen,
was wachsen will.
Was in dieser Gemeinde
kraftlos ist im Glauben,
überwinde so,
daß du Menschen rufst,
die dir die Ehre geben,
die Christus folgen,
die Würde des Menschen wahren
und dieser Welt Hoffnung geben.
Komm,
Heiliger Geist,
heile,
tröste die Ängstlichen
und die Müdegewordenen
und die Hoffnungslosen.
Überall begegnen wir
dem Kränkeln,
das der Geist des Menschen bereitet.
Darum belebe uns,
daß wir etwas werden zum Lob unseres Gottes.

Trinitatis

KYRIE

Anders
sähe es aus
in uns
und um uns,
wenn Gottes Wille geschähe
durch uns.

Herr,
erbarme dich unser!

KOLLEKTE

Gott,
alles,
was wir denken,
ergründet
dein Geheimnis
nicht.
Öffne unsere Sinne,
daß wir
durch Schweigen,
durch Reden,
durch unser Tun
bezeugen,
dir begegnet zu sein,
Schöpfer,
Heilender,
Heiliger Geist.

FÜRBITTE

Gott,
Vater,
Herr,
fern sind uns
deine großen Wunder.
Deine Herrlichkeit
haben wir nicht gesehen.
Aber du rufst uns
zu deiner Gemeinde
durch Jesus,
unseren geschundenen Bruder.
Hilf uns,
zu leben in deinem Geist,
daß wir Zeugen seiner Auferweckung seien.
Mach uns zu einem Zeichen
für die,
die nach Zuversicht,
nach Freude,
nach Kraft für ihre Aufgaben suchen.
Wir bitten dich auch,
daß du mit denen seist,
die einsam sind
und krank.
Und wir bitten für die,
die wir liebhaben
in der Nähe und in der Ferne,
aber auch für die,
die wir nicht kennen,
und die uns fremd sind.
Sei ihnen nahe
und bewahre sie vor dem Dunkel.
Komm in diese Welt,
in die Gedanken und Taten
der Großen und der Kleinen
mit dem Reichtum deines Geistes.

1. Sonntag nach Trinitatis

KYRIE

Wir
sind nur zaghaft
Christi Boten,
und oft
versagen wir uns ganz.

Herr,
erbarme dich unser!

KOLLEKTE

Gott,
Leben hast du verheißen.
Gib uns
deinen Geist,
daß wir
das Leben in uns
nicht verderben,
sondern bewahren
im Vertrauen
auf das,
was wir hören
von Jesus,
dem Bruder
und Herrn
in Ewigkeit.

FÜRBITTE

Gott,
wir bitten dich,
mach glaubwürdig,
was in deinem Namen unter uns laut wird.
Hilf,
daß alle,
die dein Wort bewegt,
getröstet werden;
daß alle,
die dein Wort verkünden,
nicht Steine anbieten,
sondern gutes Brot;
nicht fordern,
sondern schenken.
Wir bitten dich,
daß die,
die meinen,
dich zu hören,
sich leiten lassen von deiner Liebe.
Gott,
es sind viele,
die Hilfe suchen,
Trost,
Freunde,
Brot
und Hoffnung.
Gib ihnen, was sie nötig haben,
aus den Herzen und Händen derer,
die deine Boten sind.
Überwinde so
die Angst in dieser Welt,
das einsame Sterben,
den bitteren Tod.
Schaff seliges Leben
heute
und immer.

2. Sonntag nach Trinitatis

KYRIE

Wir leben,
leben gern.
Bedenken wir,
daß wir leben
von Gottes Güte?

Herr,
erbarme dich unser!

KOLLEKTE

Vater,
du öffnest die Tür
und
lädst uns zu dir.
Laß uns
die Freude nicht ausschlagen,
die Jesus verhieß,
unser Bruder
im Heiligen Geist.

FÜRBITTE

Unser Gott,
rufe uns weiter
an den Tisch der Brüder und Schwestern
zu Christi Mahl.
Heile so die Gemeinschaft,
die gestört ist
zwischen den Menschen unserer Tage,
daß sie sich finden
am Tisch ihres Bruders —
Habende und Arme,
Gesunde und Kranke,
Fröhliche und Bedrückte,
Wissende und Zweifler,
Fromme und die voller Fragen.
Vater,
wir bitten dich,
suche die,
die nichts sind,
unter den Vielen heraus
und lade sie ein
zu dir.
Wecke dadurch die Müden,
daß sie sich wieder freuen.
Gib den Verbitterten
einen getrösteten Blick
auf die Tage, die kommen.
Umfange die Sterbenden
mit deiner Nähe.
Baue deine Kirche aus uns allen
und durchdringe
unser verkümmerndes Leben
mit dem Ruf
zu dir,
zum Leben,
zur Ewigkeit.

3. Sonntag nach Trinitatis

KYRIE

Nach allem,
was fehlging,
erkennen wir
unseren Irrweg.

Herr,
erbarme dich unser!

KOLLEKTE

Gott,
du gehst uns nach
bis in die Winkel des Lebens
und rufst uns heim
von allen unseren Wegen.
Hilf uns,
dir zu folgen,
Vater,
in dem,
der gut zu uns ist,
in Jesus,
deinem Sohn,
unseren Herrn
im Heiligen Geist.

FÜRBITTE

Gott,
was du sagst,
tut gut,
macht den Tag
zu einem neuen Tag,
schenkt Leben.
Hilf,
daß wir hören.
Und nun bitten wir
für die,
die verlassen
und müde sind,
auf einem Weg,
der an's Ende führt.
Gib uns deinen Geist,
daß wir
aufmerksam und geduldig
mit ihnen umgehen,
daß wir nicht richten ohne Erbarmen.
Wir bitten dich auch für die,
die sich aufreiben in Unruhe und Angst.
Gewähre ihnen
die stille Gnade deiner Nähe.
Die Starken bewahre
vor Härte und Leichtsinn,
die Mächtigen vor Hochmut,
die Glücklichen vor Undankbarkeit,
die Traurigen vor den Tagen ohne Hoffnung.
Und den Sterbenden gib Frieden.
Laß uns aus deiner Hand nicht fallen
und halte unsere gefährdete Welt
an deiner leitenden Hand.

4. Sonntag nach Trinitatis

KYRIE

Unsere Welt
kennt
wenig Ehrfurcht
vor dem Leben
und
wenig Erbarmen.

Herr,
erbarme dich unser!

KOLLEKTE

Unser Gott,
du wartest auf uns,
bis wir geöffnet sind
für dich.
Wir warten
auf dein Wort,
das uns heilt.[8]
Laß uns
aufmerken
und hören
auf Jesus,
den Bruder,
den wir
als deinen Sohn bekennen
im Heiligen Geist.

FÜRBITTE

Gott,
in Jesus,
unserem Menschenbruder,
bist du
uns
nahe,
uns Einfachen,
Fröhlichen,
Müden,
uns,
die das Leid kennen
und die Schuld.
Nicht uns zu richten,
bist du da,
sondern uns aufzurichten
aus der Tiefe.
So laß nun keinen
unter Klagenden
und Klägern
verzagen.
Suche die Kleinen,
die Kinder
und Alten
und Ratlosen
und Stummen,
suche alle,
die nichts sind
in der Welt unserer Tage,
und gib ihnen deinen Atem.

5. Sonntag nach Trinitatis

KYRIE

Die Stunden,
die vertan,
die Worte,
die verschwätzt,
die Menschen,
die gekränkt
oder gemieden wurden,
klagen
uns
an.

Herr,
erbarme dich unser!

KOLLEKTE

Gott,
unser Vater,
durch Menschen,
die auf dich hören,
geschieht dein Werk
auf der Erde.
Öffne unsere Ohren,
bereite unser Herz,
daß wir tun,
was du willst,
mit Christus,
dem Herrn
im Heiligen Geist.

FÜRBITTE

Vater,
gerufen
hast du uns
und gesandt
zu den Menschen unserer Erde,
zu den Menschen,
die wir treffen
auf unseren Wegen.
Du hast dein Werk
in unsere Hände,
dein Wort
in unseren Mund
gelegt.
So hilf uns
um der Menschen willen,
Zeugen der Demut
und Zeichen der Liebe zu sein.
Gott,
mach
licht die Dunkelheiten,
durchschaubar die Macht,
glaubwürdig die Hoffnung.
Vergib den Schuldigen,
stärke die Müden,
tröste die Sterbenden,
erwecke die Toten.
Laß kommen dein Reich.

6. Sonntag nach Trinitatis

KYRIE

Wen
braucht Gott,
damit
sein Wille geschehe?
Uns?

Herr,
erbarme dich unser!

KOLLEKTE

Vater,
weil wir getauft sind,
wie Jesus es geordnet hat,
bitten wir,
hilf uns,
Frucht zu bringen
als Boten Jesu
im Heiligen Geist.

FÜRBITTE

Vater,
was du willst,
wurde uns verkündet.
Du hast uns berufen,
deiner Nähe Zeichen
heute
in dieser Welt
zu sein.
Sei mit uns,
damit zum Glauben komme,
wer uns hört und sieht.
Hilf uns,
ein Licht zu sein
für die Menschen,
die dich suchen.
Bewahre sie vor unserem Stolz.
Wir beten
für die Glücklichen
und Starken,
für die Ängstlichen
und für alle,
die keinen Rat mehr wissen;
wir beten
für die, die meinen,
nur der Tod sei ihnen gewiß.
Durchdringe unser Reden,
durchdringe unser Tun,
daß das Böse
und die Furcht vor ihm
klein werde,
und die Freude wachse
über die Zeichen deiner Treue.
Denn du,
Vater,
läßt nicht von uns.
Das bekennen wir.

7. Sonntag nach Trinitatis

KYRIE

Reich
sind wir
an vielen Gütern.
Aber
die Armut der Seele
bedroht uns.

Herr,
erbarme dich unser!

KOLLEKTE

Gott,
du gibst,
was wir brauchen.
Laß es gedeihen
in unserer Hand,
daß wir glaubwürdig folgen
Jesus,
dem Meister,
im Heiligen Geist.

FÜRBITTE

Gott,
du
bist nicht müde geworden,
deine Gaben auszuteilen,
damit wir leben.
Vergib uns
unsere Schuld,
die uns hart macht
und unsere Hände verschließt,
Belebe uns,
daß wir
mit offenem Herzen geben,
was wir empfangen haben,
daß wir
Verbitterte befrieden,
Ängstliche trösten
und denen,
die an ihr Ende kamen,
den weiten Raum des Glaubens auftun.
Vater,
die,
die wir lieben,
bewahre,
und die,
die uns fremd sind,
segne.
Erbarme dich
dieser Erde,
daß sie
nicht zerstört werde
und verloren gehe,
sondern ein Zeichen deiner Güte bleibe.

8. Sonntag nach Trinitatis

KYRIE

Das Dunkel
in dieser Welt
erschreckt uns.
Das Dunkel
in uns
macht uns schuldig.

Herr,
erbarme dich unser!

KOLLEKTE

Du sprichst,
Gott,
und wartest auf Antwort.
So öffne unseren Mund,
ermuntere unser Herz,
damit
durch uns
sichtbar werde,
daß du gekommen bist
in Jesus,
den wir bekennen
als unseren Herrn
im Heiligen Geist.

FÜRBITTE

Gott,
dir widersteht alles Dunkle,
aus dem die Angst kommt
und der tappende Schritt.
Erhelle unsere umdunkelte Welt
und mach uns
zu einem Licht für die Menschen.
Laß uns
denken,
reden
und handeln
in deinem Geist,
daß nicht Kälte sich ausbreite,
sondern Leben.
Laß uns dienen,
ohne aufdringlich zu sein;
laß uns heilen,
ohne zu demütigen;
laß uns Freude machen,
ohne das Leid zu übersehen.
Vergib den Schuldigen,
stärke die Müden,
gib Einsicht den Regierenden,
Zuversicht den Verzagten
und Hoffnung denen,
die an ein Ende kamen.
Dein Frieden,
o Gott,
durchdringe die Glücklichen
und die Bedrückten.
Und wenn du willst,
sende uns,
dein Licht zu tragen
in diese Welt.

9. Sonntag nach Trinitatis

KYRIE

Wir
wissen nicht,
ob das,
was wir wollen,
gut ist
für uns.

Herr,
erbarme dich unser!

KOLLEKTE

Vater,
in deinem Geist
gelingt es,
deinen Willen zu tun.
Gib uns
diesen Geist,
daß wir leben
in Jesu Namen.

FÜRBITTE

Vater,
du weißt,
was uns gut tut.
Wir bitten dich um das,
was wir von Herzen wünschen —
um Brot auf dem Tisch
und den Trank, der belebt,
um Kleidung
und um gute Gesundheit,
um einen sicheren Weg
und um ein bewohnbares Haus.
Wir erbitten auch,
was wir nicht minder brauchen,
die Zuneigung der Menschen,
die Treue der Freunde,
die Aufrichtigkeit unserer Gegner,
die Großmut derer,
die wir beleidigt haben,
und die Liebe aller,
die wir lieben.
Wir bitten
um sichere Zukunft für unsere Kinder,
um glückliche Tage für die Alten,
um Freude an unserer Arbeit
und um Geduld in Not.
Wir beten für die,
die Mangel leiden,
und bitten
um Genesung unserer Kranken,
um die Würde der Sterbenden.
Mach uns,
Vater,
bereit für alles,
was von dir kommt,
wie Christus,
unseren Herrn.[9]

10. Sonntag nach Trinitatis

KYRIE

Wie sehr
wird unter uns
Gottes Ehre
und
des Menschen Würde
verletzt!

Herr,
erbarme dich unser!

KOLLEKTE

Vater,
Herr,
Herrscher,
du hast uns berufen,
dein Volk zu sein.
Hilf uns,
deinen Willen
zu erkennen
und zu verstehen,
was zu unserem Frieden dient,
durch Jesus,
unseren Bruder,
den wir ehren
als Christus
im Heiligen Geist.

FÜRBITTE

Gott,
wer du bist,
hast du
nach den Propheten
in Christus gezeigt.
Bewahre deine Kirche,
dieses Werk deines Erbarmens,
daß sie ihn bekenne.
Leite die Christenheit,
daß sie dir glaubwürdig diene
als dein Volk
unter den Völkern der Welt.
Gib den Mächtigen Einsicht,
daß sie Frieden schaffen
und den Erdboden fruchtbar erhalten.
Tritt zu denen in Not
und laß sie sehen,
daß sie Hoffnung haben.
Weck die Trägen auf
und die Satten
und laß ihnen ein Licht aufgehen,
das die Zukunft der Erde erhellt.
Gib uns,
deinem Volk,
neuen Mut,
den Menschen zu sagen,
daß Christus ihr Heil ist.
So laß es hell werden
für Verzagte
und Zweifler,
für Schuldige
und Ängstliche,
für Trauernde
und Sterbende,
und erhöre die Schreie,
die zu dir dringen aus dieser Welt.

11. Sonntag nach Trinitatis

KYRIE

Unser Stolz
macht uns hart,
und eng
wird es
um uns.

Herr,
erbarme dich unser!

KOLLEKTE

Barmherziger Gott,
den Hochmütigen
widerstehst du.
Hilf uns denn,
demütig zu tun,
was wir tun können
durch Christus,
der uns leitet
in deinem Geist.

FÜRBITTE

Gott,
du bist uns niedrig begegnet,
um uns
in unserem Hochmut zu erschüttern.
Das ist heilsam.
Und wir bitten dich
für all die Deinen,
daß du ihnen nahe bleibst —
für die schlafende Kirche,
daß sie aufwache;
für die verfolgte Kirche,
daß sie dir treu bleibe;
für die lebendige Kirche,
daß sie nicht für ihr Ansehen,
sondern für deinen Ruhm lebe.
Wir bitten dich für alle,
die regieren,
daß sie die Macht nicht lieben,
sondern nutzen
zum Wohl der Leute
und für das Leben auf dieser Erde.
Wir bitten dich,
daß die Bitterkeit unter uns weiche,
und die Treue wiederkehre,
daß den Tyrannen
und dem Terror gewehrt werde,
und das Recht
und die Barmherzigkeit
wieder Hoheit gewinnen.
Wir bitten dich in allem,
daß die Menschen,
die dir begegnen,
aufatmen
und Licht sehen
in Christus,
ihrem Bruder.

12. Sonntag nach Trinitatis

KYRIE

Wir
entstellen
die Zeichen
der Güte Gottes.

Herr,
erbarme dich unser!

KOLLEKTE

Vater,
unermüdlich
sprichst du uns an.
Hilf uns,
zu hören,
daß du
die Müden aufrichtest
und uns erneuerst
durch Christus
im Heiligen Geist.

FÜRBITTE

Du,
Gott,
Vater,
du hast uns als Menschen geschaffen,
die reden und hören,
fragen und antworten.
Wir danken dir
für jedes gute Wort,
aus dem dein Geist spricht.
Darum bitten wir dich,
daß unsere Worte
den Tag nicht verdunkeln,
nichts Böses anrichten
und niemandem schaden;
daß sie vielmehr
Versöhnung schaffen
und ein Licht anzünden.
Hilf uns,
Barmherziger,
daß unter uns
weniger verurteilt
und mehr vergeben,
weniger gezweifelt
und mehr vertraut werde.
Schaff Zutrauen in denen,
die mißtrauisch sind,
und wecke Hoffnung
in Verzagten und Kranken,
in Trauernden
und in Sterbenden auch.
So
bitten wir
in Jesu Namen.

13. Sonntag nach Trinitatis

KYRIE

Weil unsere Augen
nicht hinschauen,
weil unsere Ohren
nicht hinhören,
werden wir schuldig
an denen,
die nach uns rufen.

Herr,
erbarme dich unser!

KOLLEKTE

Gott,
du willst,
daß wir leben.
Hilf,
daß wir
deinen Willen ehren
und denen,
die du uns anvertraust,
helfen zu leben
aus der Barmherzigkeit Jesu,
unseres Herrn
im Heiligen Geist.

FÜRBITTE

Barmherziger Gott,
betroffen erkennen wir,
wieviel Liebe,
Sorgfalt
und Hilfe
wir unterlassen.
Nun folgen wir
in diesem Gebet
dir zu denen,
die du liebst,
zu unseren Freunden
und zu den Fremden,
zu denen,
die immer liegen bleiben;
zu den Fröhlichen
und Strahlenden
und zu den Traurigen,
Belasteten;
zu den Großen
und Umworbenen
und zu den Kleinen,
Ausgenutzten;
zu den Jungen
und Zukunftsreichen
und zu den Alten,
den Einsamen
und Stillen,
zu denen,
die dem Tod entgegengehen.
Zu ihnen
folgen wir dir
in diesem Gebet.
Du willst,
daß ihnen geholfen werde.
So stärke unsere trägen Hände,
daß sie helfen und heilen und segnen.

14. Sonntag nach Trinitatis

KYRIE

Bedenken wir genug,
wem
wir zu danken haben,
daß wir
leben
und lieben?

Herr,
erbarme dich unser!

KOLLEKTE

Unser Gott,
Vater,
alles,
was du an uns getan hast
Tag für Tag unseres Lebens,
wecke in uns
das Lob deiner Güte.
Darum bitten wir
in Jesu Namen.

FÜRBITTE

Gott,
hilf,
uns zu erinnern,
daß du uns
geheilt,
die Hand gereicht,
vergeben hast;
daß neue Wege sich auftaten
durch deine Güte.
Sende uns,
Herr,
als dankbare Boten
zu den Menschen,
die du uns anvertraut hast.
Gib uns
den Blick der Liebe,
das rechte Wort,
die helfende Tat
für sie.
Und wir schließen
die Menge der Menschen auf dieser Erde,
die einander fremd
und oft feind sind,
ein in unser Gebet,
damit wir
unser eng gewordenes Herz
weiten
und dich bitten:
begegne ihnen allen mit Leben,
stimme ein Loblied in ihnen an
und vereine sie
mit allen,
die dich je verehrten,
in deiner Ewigkeit.

15. Sonntag nach Trinitatis

KYRIE

Unter Sorgen,
Angst
und Schuld
verstummen wir.
Zu Gott
nehmen wir Zuflucht.

Herr,
erbarme dich unser!

KOLLEKTE

Gott,
du willst nicht,
daß der morgige Tag
uns heute lähmt.
So hilf uns,
darauf zu vertrauen,
daß wir
selbst in Not
bewahrt werden
durch deine Güte,
die uns in Christus begegnet,
dem Bruder
im Heiligen Geist.

FÜRBITTE

Gott,
du belebst diese Erde
aus der Fülle deiner Gaben.
Wir danken dir
und bitten dich um Kraft,
wenn wir
über unseren Sorgen verzagen.
Gib uns den Heiligen Geist,
daß wir die Zeichen der Zeit erkennen
und zuversichtlich bleiben
in unserer Liebe zum Leben.
Hilf den Staatsmännern,
die Erde wohnlich zu bewahren.
Nimm den Menschen die Angst.
Wir beten für alle
in unserer Nähe
und in der Weite der Völker,
die niemanden haben,
der sie birgt,
keinen,
der sie heilt.
Hilf uns,
sie zu sehen
und barmherzig zu werden.
Und für die Sterbenden bitten wir,
daß du
ihnen entgegengehst.
Mach uns,
o Gott,
bereit für alles,
was von dir kommt,
daß wir geborgen bleiben
unter deinem Segen.

16. Sonntag nach Trinitatis

KYRIE

Uns ängstigt
die Welt.
Sie birgt
unseren Tod.

Herr,
erbarme dich unser!

KOLLEKTE

Gott,
du hast gesprochen
durch Jesus.
Ihn
haben wir gehört
und auch
die vielfältigen Stimmen der Welt,
die uns
furchtsam machen
und ratlos.
Hilf uns,
dir zu trauen
und zu leben in Hoffnung
durch Christus,
den Herrn
und Bruder
im Heiligen Geist.

FÜRBITTE

Herr,
lebendiger Gott,
unser Tod
begegnet uns
bei jedem Schritt
über unsere Erde.
Seine Zeichen,
die Kälte,
die Hast,
die Angst voreinander
und die Bosheit
verdunkeln oftmals unser Herz.
Betroffen
suchen wir Zuflucht bei dir
und bitten dich um Erbarmen
für uns
und für die uns anvertraute Welt,
für die geängstigten Menschen,
die klein gehalten werden von Großen;
wir bitten
für die verbitterten Nächsten,
die leiden
unter unserem Kleinglauben
und unter unserer Trägheit;
wir bitten
für alle,
deren letzte Stunde gekommen ist:
bleib allen nahe
mit dem Segen,
der uns birgt
und erweckt zu wahrem Leben.

17. Sonntag nach Trinitatis

KYRIE

Zweifel
und Zwiespalt
begegnen dir
unter uns,
Gott.

Herr,
erbarme dich unser!

KOLLEKTE

Vater,
da du
uns Menschen geschaffen hast,
diese Welt zu gestalten,
bitten wir dich:
hilf uns,
ihr
durch unsere Worte und Taten
zu bezeugen,
daß du
ihr mit Erbarmen begegnest
in Jesus,
dem Christus,
den wir bekennen
als unseren Herrn.

FÜRBITTE

Herr,
unser Gott,
Licht der Welt,
im Namen aller,
die leben auf dieser umdunkelten Erde,
gemeinsam mit Jesus
und in seinem Geist
legen wir dir in die Hände
unsere Welt,
alle Länder und Völker,
junge und alte Menschen,[10]
friedvolle und gefährdete,
fröhliche und ängstliche,
lebende und sterbende —
wir legen sie alle
mit ihrer Zuversicht
und ihrem Kampf gegen das Böse
dir in die Hände.
Bewahre sie vor dem Argen,
laß sie sichere Schritte tun.
hole sie,
wenn sie irren,
in deine Geborgenheit heim.
Gib ihnen gute Gedanken,
morgens ein zuversichtliches Erwachen
und zur Nacht getrosten Schlaf.
Hilf ihnen bauen,
nicht zerstören,
Freude machen,
nicht zürnen,
Wege finden,
nicht im Dunkel tappen.
Vergib ihre Schuld,
stille ihren Streit.
Laß es licht werden
über ihren Wegen.

18. Sonntag nach Trinitatis

KYRIE

Wenn wir
alles
getan haben,
was wir
tun können —
ist dann
alles
gut?

Herr,
erbarme dich unser!

KOLLEKTE

Unser Gott,
du
hast geboten,
über alles
dich
zu lieben.
Hilf uns,
daß dadurch
unsere Welt heil,
und die Menschen um uns getrost werden.
Wir bitten so
in Jesu Namen.

FÜRBITTE

Gott,
erwecke uns,
daß es licht werde
in uns
und um uns
durch Christus,
auf den wir hoffen
in tiefem Vertrauen.
In diesem Geist
legen wir dir in die Hände
alle die Deinen,
Christi Freunde,
Arme,
Gefährdete,
Glückliche,
Sterbende.
Wir legen sie dir in die Hände
mit allem,
was sie bewegt,
daß du sie birgst
und bewahrst vor dem Argen.
Und uns
erfülle mit wachsendem Glauben an dich,
daß
aus unseren Worten
und Gesten
und Taten
hindurchklinge
dein Lob,
unser Dank
und die Hoffnung,
daß du uns leitest
ins Leben.

19. Sonntag nach Trinitatis

KYRIE

Krankheit
und Schuld
lähmen immer wieder
unseren Leib
und unsere Seele.

Herr,
erbarme dich unser!

KOLLEKTE

Du willst heilen,
Gott,
was nicht gesund ist.
So gebiete dem,
was uns tötet,
von uns zu lassen,
und bewahre uns
vor dem Bösen
durch Christus,
der die Macht hat
mit dir
und dem Heiligen Geist.

FÜRBITTE

Gott,
Vater,
mach uns demütig,
daß wir uns deinem Sohn,
unserem Bruder,
anvertrauen,
ihm folgen,
neu werden.
Mit dieser Bitte
bringen wir auch alle vor dich,
die mit uns
schwach sind
und gebunden an vieles,
das sie beschwert.
Sprich nur ein Wort,
so wird es besser mit ihnen.
Vater,
wir bitten
um Sorgfalt,
Liebe
und Ehrfurcht vor dem Leben,
um Platz in unseren Herzen
für die, die allein sind.
Wir bitten
um das Ende der Angst voreinander.
Wir bitten,
daß unsere Schuld nicht böse Folgen habe.
Wir bitten
um Frieden.
Vater,
hilf Reichen und Hungernden,
Fröhlichen und Bedrückten,
Hoffnungsvollen und Sterbenden,
daß sie erfahren,
was gut ist
und heilsam und ewig.

20. Sonntag nach Trinitatis

KYRIE

Wir mißbrauchen
vielfach
Gottes Gaben,
entstellen
und verderben sie.

Herr,
erbarme dich unser!

KOLLEKTE

Herr,
du vergibst,
so daß nicht gilt,
was war.
Hilf,
daß unser Weg
künftig
ein Weg mit dir sei,
mit Jesus,
unserem Bruder
im Heiligen Geist.

Fürbitte

Unser Gott,
wir bekennen,
daß wir schwach
und oft unfähig sind,
deine Gebote zu vernehmen,
ihnen Leben zu geben,
sie zu bewahren.
Schwer ist es zu lieben,
schwer ist es zu verzeihen,
schwer ist es zu helfen.
Überwinde unseren Ungeist.
Laß du,
Vater,
in unserer Welt
durch uns
das Böse geringer
und das Gute stärker werden.
Laß Frieden unter den Menschen wohnen,
Frieden zwischen den Menschen
und in ihren Herzen,
und laß die Möglichkeiten,
Frieden zu schaffen,
nicht ungenützt
an Mächtigen und Kleinen
vorübergehen.
Laß die Untreue
überwunden werden durch Demut.
Laß die Traurigkeit schwinden
zur rechten Zeit
und Freude um sich greifen.
Mach uns neu,
Vater,
daß wir dich loben
in Ewigkeit.

21. Sonntag nach Trinitatis

KYRIE

Du,
Gott,
weißt,
wie oft wir
Versuchungen erliegen
und uns verrennen
in das,
was wir wollen.

Herr,
erbarme dich unser!

KOLLEKTE

Vater,
du meinst es gut mit uns,
willst unser Heil
und Frieden unter den Leuten.
Hilf uns,
dich zu hören
und dir zu folgen
auf Christi Weg
im Heiligen Geist.

FÜRBITTE

Laßt uns beten —
daß in uns allen
der Geist Christi lebendig sei,
daß wir einander achten
und mit Liebe Bosheit überwinden.
Laßt uns beten —
daß wir demütig und gütig seien,
treu selbst zu denen,
die uns untreu sind,
und bereit zu verzeihen.
Laßt uns beten —
daß unter uns gesegnet seien,
die Gott trauen,
die andere trösten,
Freude bereiten
und Hoffnung machen.
Laßt uns beten —
daß in aller Welt
und bei uns
das Werk unseres Bruders Jesus
fortgeführt werde
glaubwürdig,
leise
und voller Zuversicht,
damit dadurch
geängstigte,
gefährdete,
sterbende Menschen
zum Glauben kommen
an den Frieden Gottes
und an Gottes Reich.
Erbarmender Gott,
erhöre uns.[11]

22. Sonntag nach Trinitatis

KYRIE

O Gott,
sieh an,
was wir einander antun;
höre,
wie wir miteinander reden!

Herr,
erbarme dich unser!

KOLLEKTE

Erbarmender Gott,
deine unendliche Geduld
mit uns
dringe ein
in unser Reden miteinander
und
in unser Urteil,
daß Frieden werde
unter uns.
So bitten wir
in Jesu Namen.

Fürbitte

Vater,
die Zuversicht zu dir
stärke in uns.
Laß uns erfahren,
daß du keinen von uns
ausnimmst von deiner Liebe.
Wir bitten dich —
laß uns dankbar sein
mit denen,
die du begnadet hast;
laß uns aufmerken
auf die,
die nach Vergebung sich sehnen.
Vater,
hab du ein Auge auf uns,
daß nichts uns trenne
von denen,
die uns nahe stehen,
und daß Achtung uns verbinde
mit denen,
die uns fremd geworden sind.
Und wir bitten dich —
geleite die Deinen
durch dieses Leben
nah und sorgsam
und barmherzig.
Und den Sterbenden,
Vater,
und denen,
die du zu dir gerufen hast,
begegne mit Frieden,
der selig macht
in Ewigkeit.

23. Sonntag nach Trinitatis

KYRIE

Damit wir
unser Leben
nicht verfehlen,
rufen wir dich an,
Gott.

Herr,
erbarme dich unser!

KOLLEKTE

Herr,
großer Gott,
du
trittst in unser Leben
und willst,
daß wir dich erkennen.
Hilf uns,
zu tun,
was du sagst
durch Jesus Christus,
unseren Herrn.

FÜRBITTE

Du hast uns gerufen,
Vater,
daß wir werden
zu einem neuen Anfang
der Hoffnung und des Friedens
in dieser zerfahrenen Welt.
Laß uns
im Vertrauen auf dich
zuversichtlich reden
und hilfreich handeln.
Gestalte deine Kirche,
daß sie als Gehilfin der Freude
offen stehe für jeden,
der geborgen leben möchte
und schöpferisch
und dankbar.
Daß wir in Demut
Zeichen deiner Güte seien,
hast du uns gesendet.
So bitten wir
für uns,
für deine namenlosen Diener
an den vielen Orten dieser Erde,
für unseren Bischof
und für den Bischof von Rom,
daß du sie segnest.
Und wir bitten,
daß dein Geist lebendig sei
in diesem Haus
und ausgehe von hier aus
in unsere Stadt,
die voll ist von Glück und von Leid
— bereitet für deinen Segen.

24. Sonntag nach Trinitatis

KYRIE

Gedanken verfliegen,
Worte versagen,
Taten vergehen —
was sind wir
für das Leben der Welt?

Herr,
erbarme dich unser!

KOLLEKTE

Vater,
wir leben
von dieser Erde,
von den Menschen um uns,
von deiner Güte.
Und
wir lieben das Leben.
Hilf uns,
zu reden
und zu handeln
aus dem Geist,
der diese Welt erhellt
durch Jesus Christus,
der die Macht hat
in Ewigkeit.

FÜRBITTE

Gott,
weiche uns nicht aus,
wenn wir dich suchen;
höre,
worum wir bitten.
Wir beten für diesen Ort,
daß hier das Leben Freude mache.
Wir beten für alle,
die uns nahestehen,
und für die,
die uns fremd sind,
daß wir ihnen Raum genug lassen zu atmen.
Wir beten,
daß Leben nicht zu Schaden komme,
und Stille und Schönheit gewahrt werde
zum Gedeihen der Kleinen,
der Tüchtigen
und der Müden.
Wir beten für alle,
denen du Hände und Geist gegeben hast,
daß sie ihre Arbeit
nicht verlieren,
nicht vergeuden,
sondern weiter bauen
an einer bewohnbaren Welt.
Wir beten
für die, die regieren,
daß sie das Leben nicht mißbrauchen.
Wir beten
für alle am Rande
und für die Sterbenden von heute und morgen,
daß sie auch Frieden haben,
und selbst ihre Hoffnung nicht vergehe.
Wir bitten dich,
daß du uns deine Hand reichst
und uns zum Leben führst.

Drittletzter Sonntag im Kirchenjahr

KYRIE

Von Verderben
hören wir,
vom Ende.

Herr,
erbarme dich unser!

KOLLEKTE

Vater,
gib uns
Augen
und Ohren,
die wachsam achten
auf die Zeichen deines Kommens,
daß wir
das Leben nicht verspielen
und selig werden
mit Jesus,
dem Christus,
der mit dir
und dem Heiligen Geist
lebt in Ewigkeit.

FÜRBITTE

Gott,
laß vom Glanz dessen,
was kommt,
Licht fallen auf uns,
daß wir zum Licht werden
für die Umdunkelten dieser Erde.
Vater,
bedenke,
wir lieben das Leben.
Bewahre uns
vor der Taubheit,
die dich nicht vernimmt,
vor der Blindheit,
die dein Kommen nicht sieht.
Und schütze uns
vor der Versuchung,
nach unserem Willen nur zu leben.
Darum bitten wir dich
für die Glücklichen
und für die Gesunden,
daß du sie hältst;
für die Verbitterten
und für die Sterbenden,
daß du zu ihnen trittst
und sie an die Hand nimmst.
Wir bitten dich
für deine Kirche,
für diese Gemeinde,
für die Welt unserer Tage —
tritt mitten unter uns!

Vorletzter Sonntag im Kirchenjahr

KYRIE

Wir möchten zuhören,
und unsere Ohren sind verschlossen.
Wir möchten helfen,
und unsere Hände rühren sich nicht.
Wir möchten lieben,
und unser Herz bleibt kalt.

Herr,
erbarme dich unser!

KOLLEKTE

Gott,
wir leben
von deiner Gnade
und bitten,
daß unsere Schuld
uns nicht trenne
von den Menschen um uns
und von Christus,
dem Richter
und Bruder voller Erbarmen
im Heiligen Geist.

FÜRBITTE

Vater,
erbarme dich
und vollende dein Bild
von uns
und von dieser Erde,
das entstellt ist
durch Angst,
durch Schuld,
durch Tod.
Und dann hilf uns zu tun,
was not ist,
wenn wir denen begegnen,
die nicht dein Gesicht tragen,
sondern das unsere
voller Angst,
voller Schuld,
voller Tod.
Vater,
wir beten auch für die,
die verbittert sind,
deren Liebe erkaltet,
deren Kraft zu hoffen vergangen ist.
Wehre dem,
was ihren Glauben verdirbt.
Für die Geängsteten dieser Erde
beten wir.
Überwinde in ihnen,
was dem Leben zuwider ist.
Und für die Sterbenden
beten wir.
Begegne ihnen
auf ihrem Weg von dieser Erde
und geleite sie an dein Ziel.
Erneure die Welt,
gewähre gnädig uns Leben.

Ewigkeitssonntag

KYRIE

Wir kennen
den heutigenTag
nicht
und nicht
die Zukunft.
Was
kommt auf uns zu?

Herr,
erbarme dich unser!

KOLLEKTE

Gott,
Erbarmer,
sende
den Herrn deiner Kirche,
vollende
dein Volk,
laß kommen
dein Reich voll Friedens,
damit lebe
die Welt
durch Christus,
den Wahrhaftigen
im Heiligen Geist.

FÜRBITTE

Aus der Tiefe,
Herr,
rufen wir,
aus der Tiefe unserer verrinnenden Zeit.
Freude ist uns widerfahren,
und Freude wurde zerstört.
Wir sind
dem Leben in seiner herrlichen Fülle
begegnet
und der Angst vor dem Tod.
Wir haben deine Güte erfahren
und wir haben dich vergeblich gesucht.
Wir haben gehört
von deiner künftigen Welt
und wir fürchten das,
was auf uns zukommt noch immer.
Wir sind müde geworden.
Wecke uns auf
und komm du,
Gott.
Wehre dem zu kommen,
was uns zerstört.
Halte die Bosheit fern
und die Furcht
und den bösen Tod.
Komm du,
Gott,
und bring Frieden mit,
Leben ohne die Enge der Schuld.
Laß den Tag anbrechen,
der ohne Abend ist.

Michaelis
Tag des Erzengels Michael und aller Engel

KYRIE

Wir hören,
du,
Gott,
seist mächtig.
Doch wir
fürchten die Welt
und die mächtigen Menschen.

Herr,
erbarme dich unser!

KOLLEKTE

Großer Gott,
du hast
im Himmel wie auf Erden
Boten,
die uns bewahren
in deiner Treue.
Hilf uns,
sie zu erkennen,
daß dein Wille geschehe,
und wir
mit den Engeln
dich preisen
durch Christus,
den Herrn
in Ewigkeit.

FÜRBITTE

Gott,
in unseren Streit mit der Finsternis
in uns und um uns
sende Boten des Lichts,
deine Engel,
daß wir
bewahrt werden in deinem Geist.
So bitten wir
für die Bedrückten.
Öffne die Augen,
daß sie dich sehen.
Wir bitten für die,
denen mißtraut wird,
für die,
die unsicher sind
und mutlos,
die keinen Rat mehr wissen,
weil sie klein wurden
dem Bösen gegenüber.
Wir bitten für die,
die meinen,
nur der Tod sei ihnen gewiß.
Sei ihnen nahe
durch die,
die dir dienen.
Mit dieser Bitte
erheben wir unsere Stimme
inmitten der Mächte der Welt
und flehen dich an:
durchdringe uns,
daß das Böse
und die Furcht vor ihm
klein werde,
und groß
die Freude
über die Zeichen deiner Macht.

Erntedanktag

KYRIE

Viel
haben wir empfangen.
Viel
haben wir in der Hand.

Herr,
erbarme dich unser!

KOLLEKTE

Gott,
wie den Erdboden
hast du uns bereitet,
empfänglich
und fruchtbar.
So wehre dem,
was ihn zertritt,
und laß ihn empfangen
wie einen Samen
dich,
den Vater des Lebens,
durch Christus,
den Herrn
und Bruder
im Heiligen Geist.

FÜRBITTE

Gott,
ohne deine Gaben
ist unser Leben
ohne Würde,
ohne Schönheit,
ohne Kraft.
Dir danken wir für alles,
was uns freut —
für unsere Kinder,
für unsere Verwandten
und für unsere Freunde;
für die Schöpfung des Leibes
und für alles,
was ihn gesund und kräftig erhält,
zu arbeiten und zu genießen.
Wir danken dir
für unser Können
und für unsere Lust am Schaffen,
für das Glück des Tages
und für den Glanz der Feste.
Wir danken dir auch für das Leid,
das uns prägt.
Und wir bitten um deine Treue
und um die Treue der Menschen,
auch um die Sorgfalt mit deinen Gaben.
Wir bitten dich um Frieden dort,
wo wir ihn nicht schaffen;
um Licht,
wo uns das Dunkel schreckt.
Wir bitten dich um Frucht der Arbeit,
um Mut zur Muße und um Geduld.
Wir bitten dich auch für die,
die keine Arbeit finden,
und um Vernunft, die teilt.
Um Leben bitten wir —
in Ewigkeit.

Reformationsfest

KYRIE

Höre,
o Gott,
den Ruf
deiner Gemeinde,
der voller Klage
und voller Hoffnung ist.

Herr,
erbarme dich unser!

KOLLEKTE

Du hast,
o Gott,
deine Kirche erbaut
auf dem Fundament
der Apostel
und Propheten.
Hilf uns,
heute zu hören,
wie sie einladen
zu dir,
zu Christus,
zum Bruder
im Heiligen Geist.

FÜRBITTE

Gott,
du hast uns gerufen
und gesammelt um den Tisch unseres Herrn
und Bruders,
daß wir werden zu einem neuen Anfang
der Hoffnung
in dieser großen und zerfahrenen Welt.
Demütig hast du
dein Werk in unsere Hände gelegt.
Durchdringe deine heilige Kirche,
daß sie gesegnet sei mit Vollmacht
und demütig als Gehilfin zur Freude.
So bitten wir
für unseren Bischof
und für alle,
die deine Kirche leiten auf Erden,
für alle,
die dein Wort verkünden.
Und nimm von uns die Müdigkeit,
damit die Freude,
die deine Güte schafft,
unter uns bekannt werde
heute und künftig.
Sei nahe unserem Land,
das voll ist
von Glück,
von Leid
und von Angst.
Antworte
auf die Fragen der Jungen
und auf die Klagen der Alten.
Gewähre ihnen,
Lebenden
und Sterbenden,
deinen Segen.

Konfirmation

KYRIE

Wir
wollen glauben.
Aber
unsicher sind wir
und
voller Fragen.

Herr,
erbarme dich unser!

KOLLEKTE

Vater,
führst *du* uns,
so werden wir leben.
Wir bitten dich,
laß uns
nicht in die Irre gehen.
Führe uns
auf gutem Weg
und baue mit uns
dein Reich
zum Wohl
unserer schönen, armen Erde.
Wir bitten so in Jesu Namen,
der uns verkündet wurde
als unser Herr
und unser Bruder
im Heiligen Geist.

SEGENSGEBET

Vater,
erhöre das Gebet dieser Kinder,
dieser Gemeinde.
Du hast in ihnen
ein gutes Werk begonnen.
Wir bitten dich,
laß sie von deinem Geist geleitet
die Wahrheit suchen,
dein Wort achten,
Christus finden,
der sie durch ihre Welt führe
zum Guten,
zum Leben,
zur Freude,
zu dir.
Segne sie, Vater, segne sie!

FÜRBITTE

Herr,
wir sind zu dir gekommen —
Werk deines Geistes,
bewahrt durch deine Güte,
herausgefordert durch dein Wort,
auf dem Weg zum Glauben an Jesus,
unseren Bruder.
Bleibe bei uns,
wenn wir nun auseinander gehen.
Nichts trete zwischen uns bis dorthin,
wo Gefahren,
Angst und Zweifel
endgültig vergangen sind,
und wo nichts gilt
als das Leben und wahrhafter Frieden.

Bußtag

KYRIE

Wenn wir
das,
was wir wollen,
nicht unterscheiden
von dem,
was wir sollen;

wenn wir
die Würde des Menschen
nicht achten;

wenn wir
meinen,
wir
seien die Herren —
dann

Herr,
erbarme dich unser!

KOLLEKTE

Gott,
du hast uns
unseren Geist
und wache Sinne gegeben,
unseren Weg zu finden,
der an dein Ziel führt.
Bewahre uns vor dem Irrtum,
und hilf uns,
zu vertrauen auf Christus,
unseren guten Herrn
im Heiligen Geist.

FÜRBITTE

Vater,
wir glauben —
Jesus ist der Weg.
Öffne uns die Augen,
daß wir ihn nicht verfehlen.
Herr, erbarme dich!
Du hast unserem Land
einen neuen Anfang geschenkt.
Wir danken dir.
Hilf uns,
daß wir deine Gabe nicht verspielen
durch Mißtrauen,
Würdelosigkeit
und Hochmut.
Herr, erbarme dich!
Deiner Kirche in diesem Land
gib ein offenes Ohr
und ein mutiges Herz
für dein Wort,
das den Menschen
Leben und Vergebung gewährt.
Herr, erbarme dich!
Denen,
die Verantwortung haben für viele,
gib einen guten Geist,
daß sie dienen,
nicht herrschen.
Herr, erbarme dich!
Die Kleinen,
Vater,
die Stillen
und Unnützen
und Unschönen
bewahre vor den Starken.
Und uns alle geleite,
daß keiner verloren gehe.

Nachwort

Wer betet spricht.
Wer betet, spricht *sich* aus,
auch dann, wenn er Gebete anderer nachspricht. Bei der
Arbeit an den Gebeten für den Gottesdienst habe ich meinen Ausdruck gesucht, meine Sprache gefunden. Aber ich
habe auch Gebete gelesen, die vor mir gebetet wurden; ich
habe ihnen nach gedacht, sie nachgesprochen, um mit
ihren Worten für die Gemeinde und mit der Gemeinde zu
beten. Ein Teil dieser Gebete hat also Vorlagen. Diese Vorlagen habe ich mir nicht vermerkt. Ich hatte Gottesdienste
vorzubereiten, nicht eine Gebetssammlung zu ver-
öffentlichen.

Dieses geschieht jetzt. Und dafür habe ich nach den Quellen gesucht. Sie sind — soweit meine Suche erfolgreich war
— im Folgenden angeführt. Es sind vor allem KARL BERN-
HARD RITTER, HUUB OOSTERHUIS mit seinem Übersetzer
Peter Pawlowsky und die Autoren der Agende der Evangelischen Landeskirche Baden. Und es tut mir gut, ihnen und
meinen anderen Vorbetern an dieser Stelle meinen Dank
entbieten zu können. Ich stehe mit allen Betern der Kirche
Christi wahrhaftig in einer SUCCESSIO ORANTIUM.
Kein Gebet freilich wurde wörtlich übernommen. Inso-
fern liegen mit den genannten Gebeten Beispiele für die
theologische, liturgische und sprachliche Arbeit mit Agenden und Gebetssammlungen vor. Bei größerer Überein-
stimmung sind die Gebete im Text mit einem Hinweis auf
die folgenden Anmerkungen versehen. Andere Gebete mit
Anklängen an ihre Vorlagen sind mit ihrer Seitenzahl den
folgenden Literaturangaben hinzugefügt. Ich bin freilich
davon überzeugt, daß ich nicht alle Quellen dokumentie-
ren konnte. Das aber entspricht liturgischer Arbeit. Für sie
mit dieser Sammlung ein kleines Zeugnis ablegen und Mit-
betern anbieten zu können, macht mich dankbar.

Anmerkungen

1 Karl Bernhard Ritter
Das tägliche Gebet
S. 141

2 Materialsammlung für Gottesdienste in neuer Gestalt
Band I, Fürbitten Nr. 11

3 Evangelisches Tagzeitenbuch
S. 195

4 Huub Oosterhuis
S. 23

5 Materialsammlung für Gottesdienste in neuer Gestalt
Band I, Fürbitten Nr. 7

6 Reihe Gottesdienst
S. 19

7 Huub Oosterhuis
S. 50 f.

8 Huub Oosterhuis
S. 23

9 Huub Oosterhuis
S. 50

10 Huub Oosterhuis
S. 38

11 Huub Oosterhuis
S. 81

Auch die hier vermerkten Quellen wurden nicht im vollen
Wortlaut verwendet.

Agenden und Gebetssammlungen

a) AGENDEN u.ä.

Agende	Kollekten
für die	12-14-16-22-38-40-42
Evangelische Landeskirche	66-70-74-80-84-96-102
in Baden	104-106-122-134
Band I, Karlsruhe 1965	

Advent
Christvesper
Jahresschluß
Verlag Evangelischer Presseverband
Kassel 1981

Materialsammlung	Fürbitten
für Gottesdienste	31-33-51-63-67
in neuer Gestalt	
Herausgegeben im Auftrag	
der Liturgischen Kommission	
der Evangelischen Landeskirche	
in Baden	
Band I und II 1971—1982	

Gebete	Kollekten
Reihe Gottesdienst 8/9	22-28-52-104-120-122
Lutherisches Verlagshaus	128-130
Hamburg 1981	

Evangelisches Tagzeitenbuch	Fürbitten
Johannes Stauda Verlag	43-71
Kassel 1967	

b) GEBETSSAMMLUNGEN

Karl Bernhard Ritter	Kollekte
Das tägliche Gebet	25
Johannes Stauda Verlag	Fürbitten
Kassel 1964	71-113-117

Karl Bernhard Ritter
Walter Lotz
An jedem Tag
Johannes Stauda
Verlag
Kassel 1963

Huub Oosterhuis   Kollekten
übersetzt von   46-54-80-92-142
Peter Pawlowsky   Fürbitten
Ganz nah ist dein Wort   23-35-47-55-57-67
Herder Verlag   69-73-75-83-87-95-101
Wien-Freiburg-Basel 1972 103-119-121-131-143

Die oben angeführten Seitenzahlen beziehen sich auf die
Gebete in der hier vorliegenden Sammlung.
Sie weisen nicht darauf hin, daß Gebete im Wortlaut übernommen, sondern daß Vorlagen des angegebenen Werkes eingese-
hen und bearbeitet wurden.

Ein Nachwort als Vorwort

Während der Niederschrift dieser Gebetssammlung wurde täglich von der Entführung einer kuwaitischen Verkehrsmaschine, von Schlägen und Morden an Bord berichtet.

Da wurde zum Schrei, was ich schrieb:

»Herr,
erbarme dich unser!«

Und dieser Ruf
mündet
wie alle Gebete
in die Zeit,
in der Gott tätig wird.
SO SEI ES.

Dienst am Wort

Hrsg. von Ludwig Schmidt (bis Band 40 von Carl Heinz Peisker)
Bei Subskription der Reihe 15 % Ermäßigung. Eine Titelauswahl.

Vandenhoeck & Ruprecht · Göttingen und Zürich

Karl-Heinrich Bieritz / Michael Ulrich

Gottesdienstgestaltung

Ein ökumenisches Werkbuch. Mit einem Vorwort von Heinrich Fries und Georg Kretschmar. 2. Auflage 1987. 328 Seiten, gebunden

Dieses Werkbuch leitet dazu an, Wortgottesdienste zu gestalten und bietet dafür eine Fülle von aussagekräftigen Texten, Gebeten, modernen Psalmen, Liedanregungen, Sendungs- und Segensworten aus der gemeinsamen Tradition an. Die Verfasser gehen von der Einsicht aus, daß Wortgottesdienst Gespräch mit Gott und miteinander ist. Der Aufbau folgt den vier Phasen dieses Dialogs: Eröffnung – Verkündigung – Antwort (Lob und Dank, Buße, Fürbitte, Bekenntnis) – Sendung.

»Ein hervorragendes Werk, das eine beachtenswerte Zusammenfassung dessen bringt, was christlicher Gottesdienst ist.«
Kirchlicher Anzeiger für das Bistum Hildesheim

Karl-Heinrich Bieritz

Im Blickpunkt: Gottesdienst

Theologische Informationen für Nichttheologen. 2. Auflage 1987. 111 Seiten, kartoniert

Der Autor weckt nicht nur Verständnis für den Gottesdienst, für seine theologischen Grundlagen und geschichtlichen Zusammenhänge, sondern bringt auch neue Erkenntnisse und Gesichtspunkte für dessen Gestaltung, für sachgerechte und situationsgemäße liturgische Formen. Ein Dokumentenanhang führt in die wichtigsten Äußerungen der neueren Diskussion ein.

Christian Möller

Gottesdienst als Gemeindeaufbau

Ein Werkstattbericht. 1988. 235 Seiten, kartoniert

Nachdem C. Möllers »Lehre vom Gemeindeaufbau« (2., durchgesehene Auflage 1987) eine überaus günstige Resonanz gefunden hat, legt der Verfasser hier einen Zwischenbericht vor, der Auskunft über die Konkretionen seines Programms gibt.

In fünf Schritten geht er dem Gottesdienstgeschehen nach: 1. Wahrnehmung von Erfahrungen, die dem Gemeindeaufbau als einem gottesdienstlichen Geschehen zugute kommen, 2. Herausfinden der wichtigen Entscheidungen, die aufgrund der Situation gefällt werden müssen, 3. Realisieren der verschiedenen Dimensionen des Gottesdienstes im Alltag und Sonntag, 4. Grundfunktionen des Gottesdienstes als gemeinsamer Bezugspunkt aller Getauften, 5. Versuche: exemplarische Gottesdienste und Gemeindevorträge. – Mit diesem Werkstattbericht läßt sich Gemeindeaufbau einüben!

Vandenhoeck & Ruprecht · Göttingen und Zürich